爆《ばく》笑《しょう》!! 小学生あるある

作 さそり山 かずき
絵 大崎 亮平
タナカ ケンイチロウ

もくじ

1章 学校あるある

学年がかわると

新学期
おっはよ～
おはよ～！
あれあれ？
あれれ～!?
オレのげた箱に
だれかくつ
いれてる～!!
おい！　そっちは
4年だぞー
え？
そっか！　5年生に
なったんだった！
うはは
先に教室
いってるぞー

ざわざわ
おはよー!!
ガラッ
あれ！　そこ
オレの席《せき》だよ。
ん？　だれだっけ？
ここ４年５組
ですけど…？
へ？
ワハハハ
キャハハハ
まちがえ
たぁ〜!!
どどどどどど

お道具箱はブラックホール

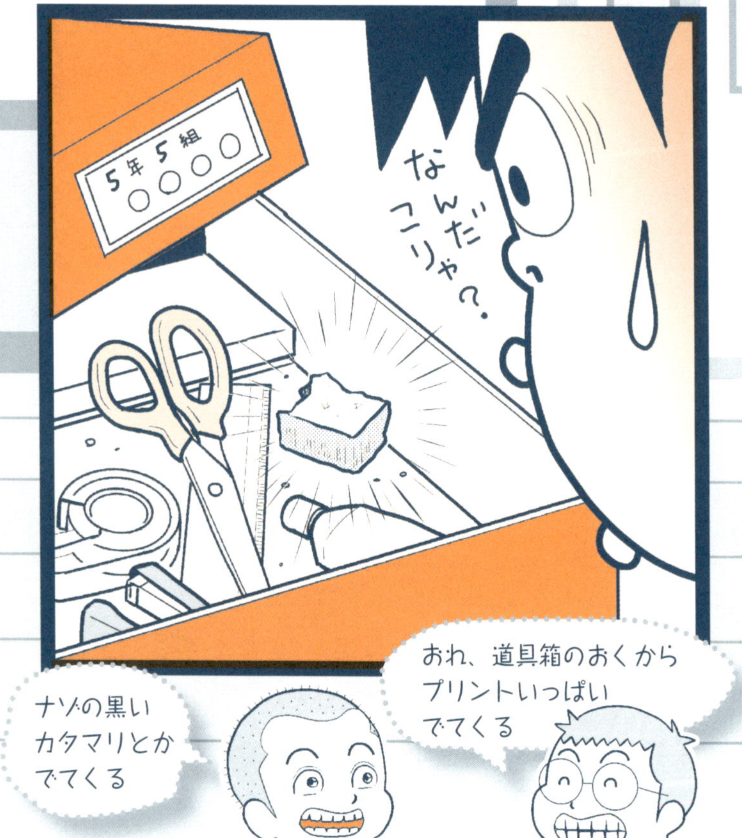
5年5組 ○○○○
なんだコりゃ?
おれ、道具箱のおくから
プリントいっぱい
でてくる
ナゾの黒い
カタマリとか
でてくる

赤白帽《あかしろぼう》のゴムがゆるゆる

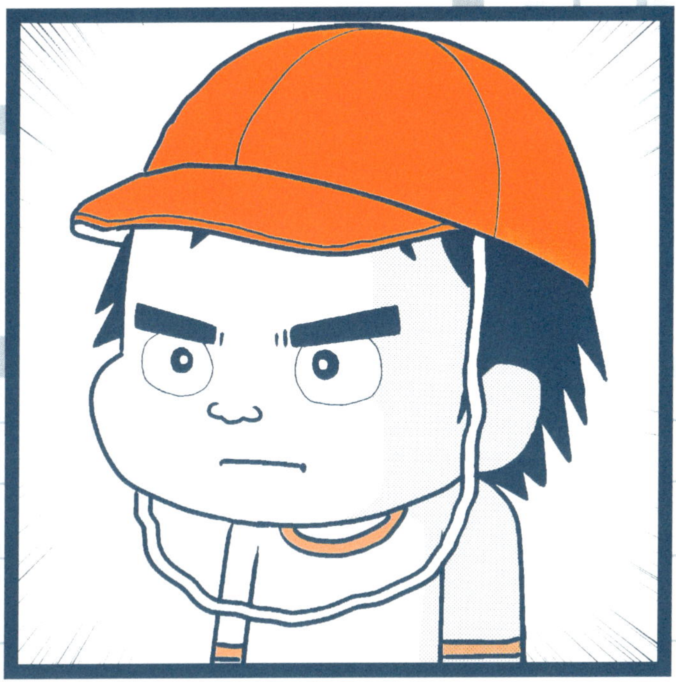

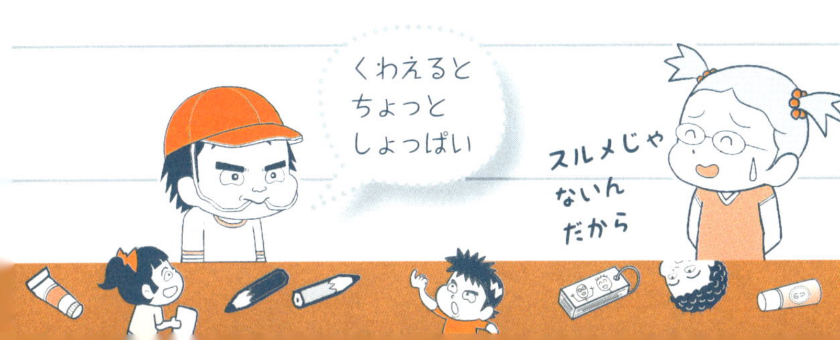
くわえるとちょっとしょっぱい
スルメじゃないんだから

さいごのほう、スペースがなくて字が小さくなる

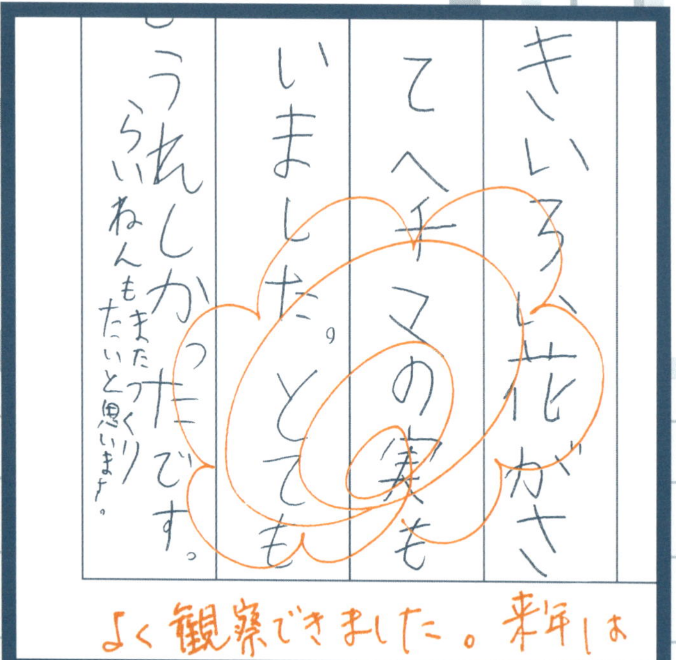
きいろい花がさ
てへチマの実も
いました。とても
うれしかったです。
らいねんもまたつくりたいと思います。
よく観察できました。来年は

ここまで書いたのに
書きなおすのは
いやなんだもーん
ちまちま

書きおわったら手がまっ黒

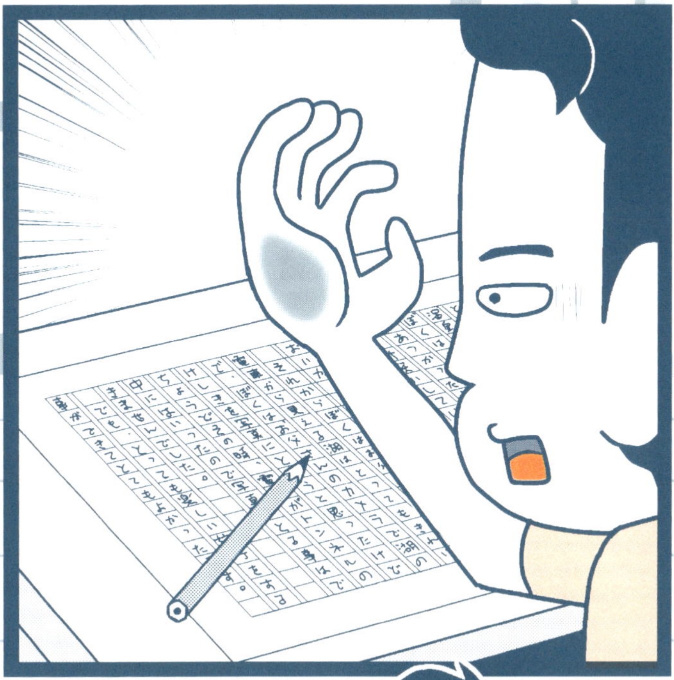

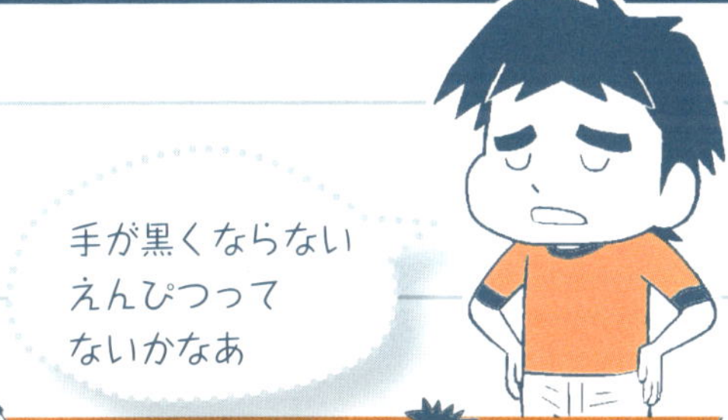
手が黒くならない
えんぴつって
ないかなあ

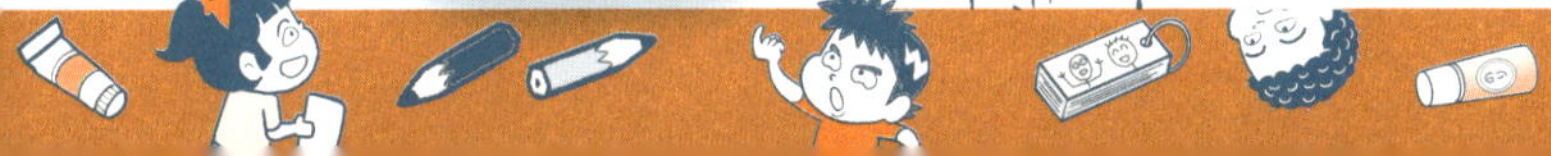

かした消しゴムのカドをつかわれるとキレる

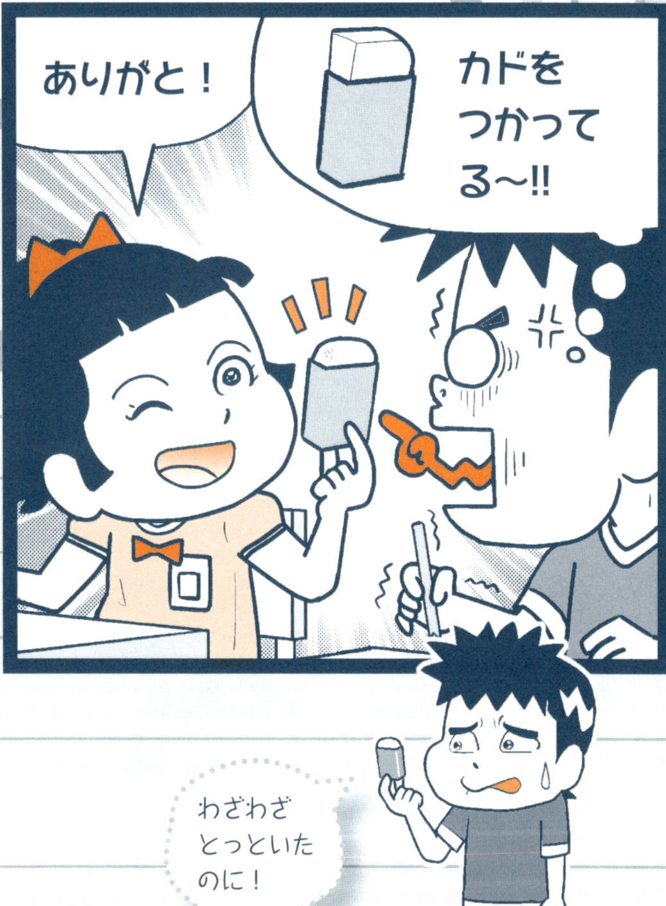

ありがと！
カドをつかってる〜!!
わざわざとっといたのに！

書かずには いられない

消しゴムにボールペンで顔をかくと
しばらくつかうと紫《むらさき》色《いろ》になってちょっとホラー

はじめのうちだけ

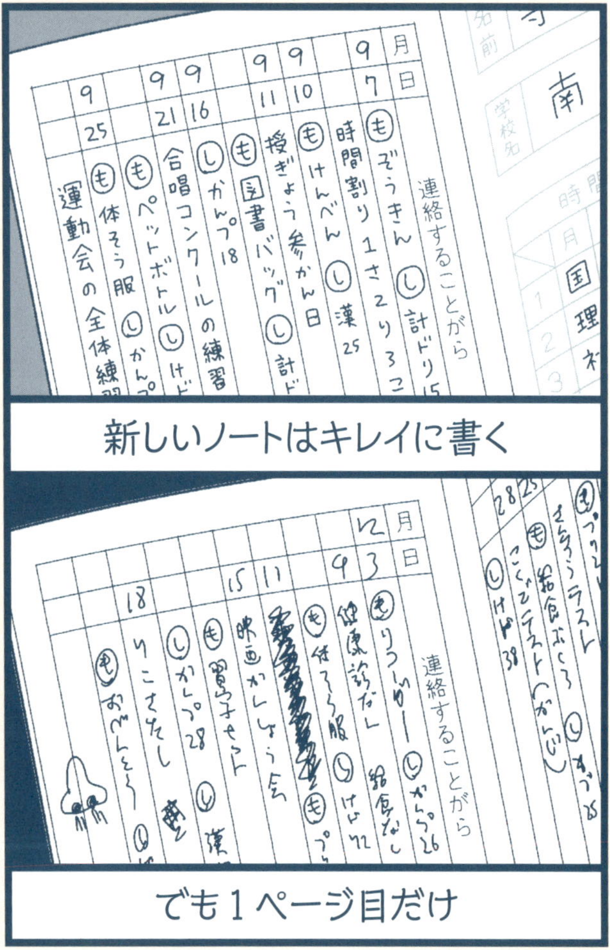
連絡することがら
新しいノートはキレイに書く
連絡することがら
でも１ページ目だけ

やっちゃった

消すとき、おさえ方がよわいと

ノートがぐしゃっとなる

授業中《じゅぎょうちゅう》あるある

ギャハハハ
せんせースゲー!!
?
いいな〜２組
もりあがってて
なんだろ
なんだろ
となりのクラスで
笑《わら》いがおきると
気になる

水そうが藻《も》だらけで なにがいるのかわからない

トイレはお気にいりの場所しかつかわない

意外にたのしい

上ばきの底《そこ》に
がびょうがささると

カチカチ音がして

ちょっとおもしろい

がびょう
ふんじゃった
カチ
カチ
たのし～♪
カチ
カチ
カチ
カチ
カチ
カチ
タップ
ダンス?

VS《バーサス》がびょう

がびょーん!!
このがびょう
深くささってて
とれない…
まかせろ！
むぐぐ…
たしかに
とれない
おれに
やらせて！
ぐおお…
ぬけねぇ！
なんて
がびょう
だぁ〜!!
「がびょうぬき」
あったぞ〜！
うぐぐ…
道具でも
とれない！
コリャ
だめだ
あきらめるの!?
いくじなし！
そして戦《たたか》いはつづく…

かわかした液体《えきたい》ノリは はがすのがたのしい

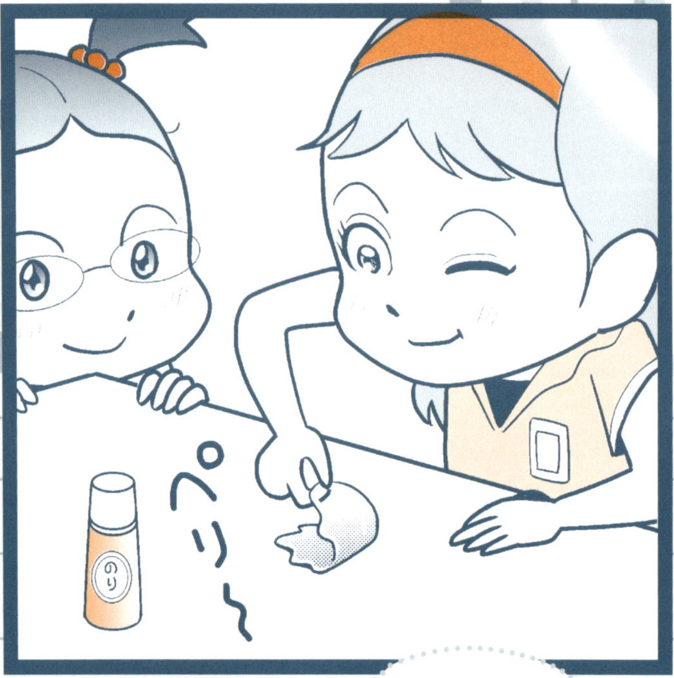
ペリ〜
のり

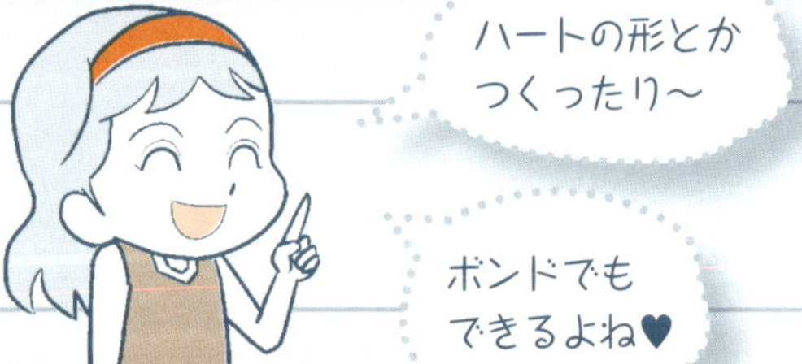
ハートの形とか
つくったり〜
ボンドでも
できるよね♥

おとしもの箱の中身はへらない

おとしもの
持ち主いる
はずなのにね
だれだ？
タッチペン
もってきたの！
先月より
ふえてるよ
もうすてても
よさげなものも

学年が上がってなおす数字のむりやり感

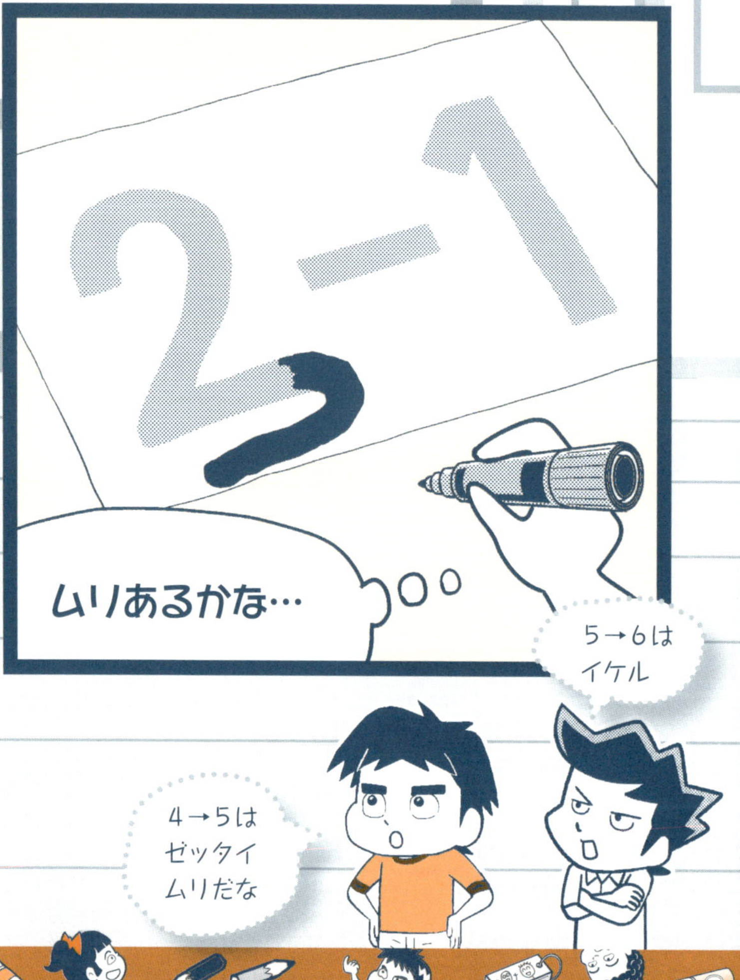
2-1
ムリあるかな…
5→6は
イケル
4→5は
ゼッタイ
ムリだな

体育館の天井《てんじょう》のすきまにボールがはさまっている

あのボール
いつかかならず
オレが取る
オレのえものだぜ!!

ふりむきざまにヒジを打つ

夏以《い》外《がい》のプールはへんな色

気づくとべつのコースにいる

あれ？
あれ？
バシャバシャ
どいてくれ〜！
ごめーん
うう…
クロール2級合格《ごうかく》のがした…

目をあらうじゃぐちの水《すい》圧《あつ》調整がむずかしい

プールの前は
ジゴクの
シャワーだぜ！

「休め」の姿勢《しせい》は休まらない

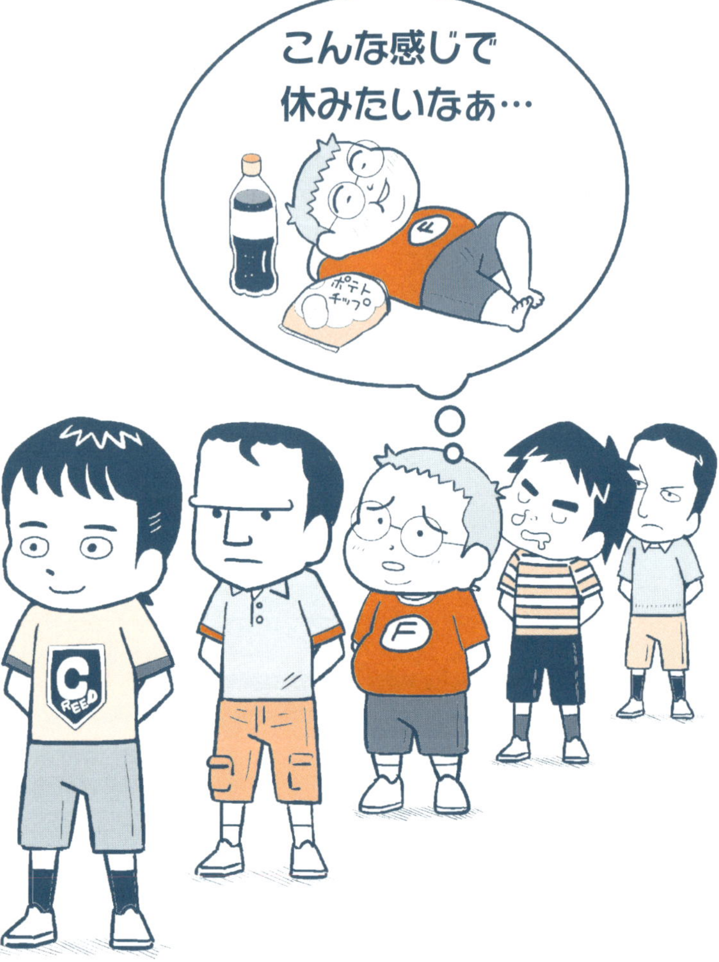
こんな感じで
休みたいなぁ…
ポテトチップ

列のうしろのほうは みだれる

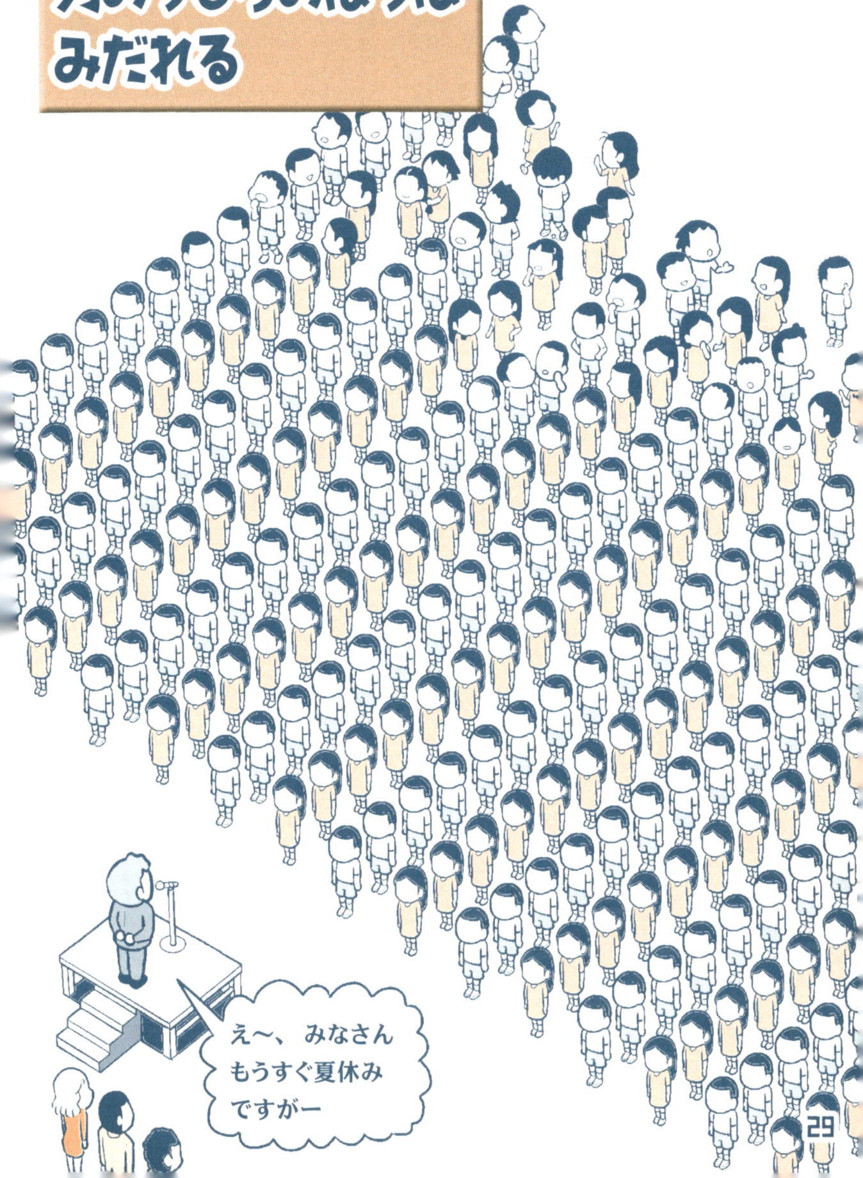
え〜、 みなさん
もうすぐ夏休み
ですがー

遠足あるある
写真をとるとき、
とりあえずピース
イエーイ
前の人の頭に
指で角《つの》
チョコが
とけてる

先生のきめゼリフ
家にかえるまでが遠足だからな！
おやつは300円以内《いない》
100円の半分の50円分と150円の5分の1で30円分！
だれか〜!!
おはしあまってない!?
おべんとうのはしをわすれる

学校のこわ〜い
うわさあるある！
理科室
夜、人体模型《もけい》と骨格標本《こっかくひょうほん》がおどるらしい
音楽室
ピロポロ〜
パロピロ〜
肖像《しょうぞう》画《が》の目が動く
だれもいないのにピアノの音が聞こえる

トイレ

鏡《かがみ》に血だらけの顔がうつる

花子《はなこ》さんに会う

旧《きゅう》校《こう》舎《しゃ》

ろうかで何かにおいかけられる

のぼりとくだりで階段《かいだん》の段数《だんすう》がちがう

二宮金次郎像《にのみやきんじろうぞう》

夜、走ってるらしい

リコーダー

砂《さ》鉄《てつ》

なんだコレ〜!!
おもしろ〜
うわ〜すごい!!
ひゃは〜〜
砂鉄《さてつ》を磁石《じしゃく》につけるとたのしいけど…
めんどくさ〜
なかなかとれない…
きれいにとれよー
かたづけるときはたいへん

自分の名前の漢字を習うとき、うれしい

あ！　ぼくの漢字…
勇
おっ、イサムの名前だ～!!

オレの名前はー？
わたしもまだかな
オレもうならった！
徹《とおる》
蛍《ほたる》
一《はじめ》

エッチなことば

えーと「むちゃ」のいみは…
パラパラ
ドキ!!
むね【胸】
?
キョロキョロ
キョロキョロ

辞《じ》書《しょ》をひくとき

エッチぽいことばが
目にはいると

なんかドキドキ
してしまう

名前

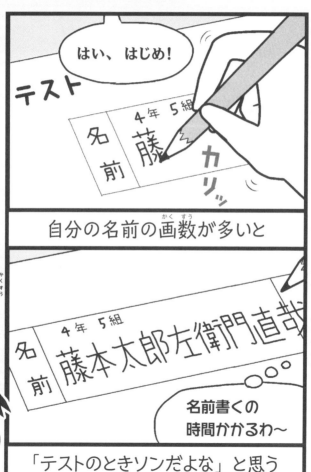

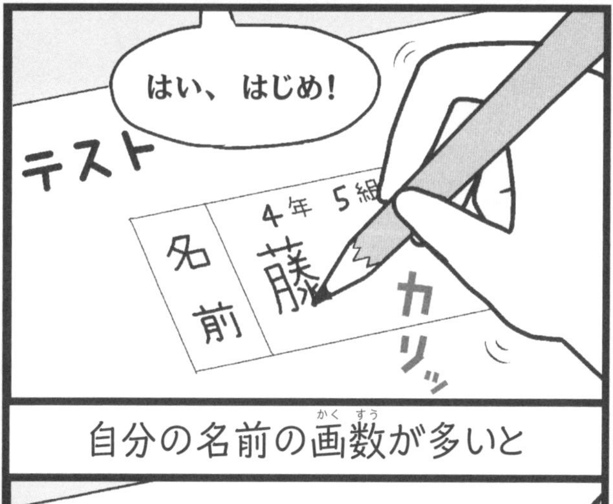

画数《かくすう》とかいう問題じゃなくね？

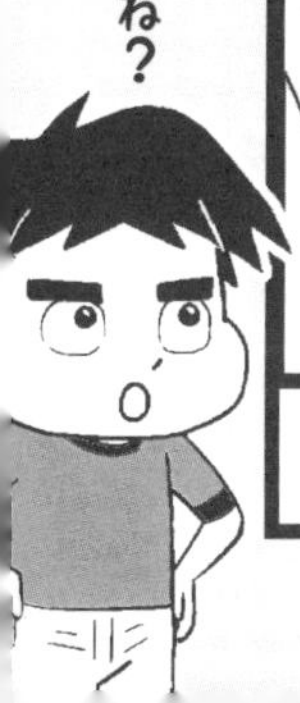

テストで漢字がわからないとき どこかにはってないかさがす

テストで答えを書きおわり、いい音でえんぴつをおく

パシーン
カンペキ！

「よし！
おわった!!」
って感じね
おわってないほうは
あせるんですけど！

パソコン授業《じゅぎょう》

先生～パソコン
起動《きどう》しませ～ん
だいじょうぶ！
先生に
まかせておけ！
動かないー
電源《でんげん》をつけてすぐつまずき
これでもダメか…
う～んなぜだ！
キ～ン
コ～ン
カ～ン
コ～ン
先生
ファイト！
あ！
チャイム
そのまま授業終了《じゅぎょうしゅうりょう》

そうじの時間
あるある ①
ちょっと
とおるね…
階段《かいだん》そうじは
気をつかう
どうぞ〜
あ…そこ
ふいた
ばっかり
ろうかは
走らない
うおおぉーっ
ろうかの
ぞうきんがけは
競争《きょうそう》になる

ほうきの毛先が
超《ちょう》まがってる

すきな子の机《つくえ》を
さりげなくはこぶ

ちりとりで全部
とるのはむずかしい

そうじの時間
あるある②
水ぶき直後は
書けない
書けないでしょ〜
ホントだー
ほうきで
エアギター
ぞうきんと
ほうきで野球
くるくる

「ちょっと〜、男子〜」っていう女子
ちょっと〜〜
よ
ほうきを立ててバランスをとる
ぴょん
ぴょん
打ってみろ！
ほうきでハリポタ

ギャー!!
なんだろ?
かべに赤い手形が!!
ぎょわ～ん
きのうはなかったよ
コレ…血?
幽霊《ゆうれい》の手だよ!!
写真とっとこーぜ!
なんなの?
あ、それオレだ
へ?
きのう絵の具ふんづけてかたづけたら手がまっ赤…
うっかりかべをさわったみたいだな～
コワイだろ!

2章 友だちあるある

せっけん

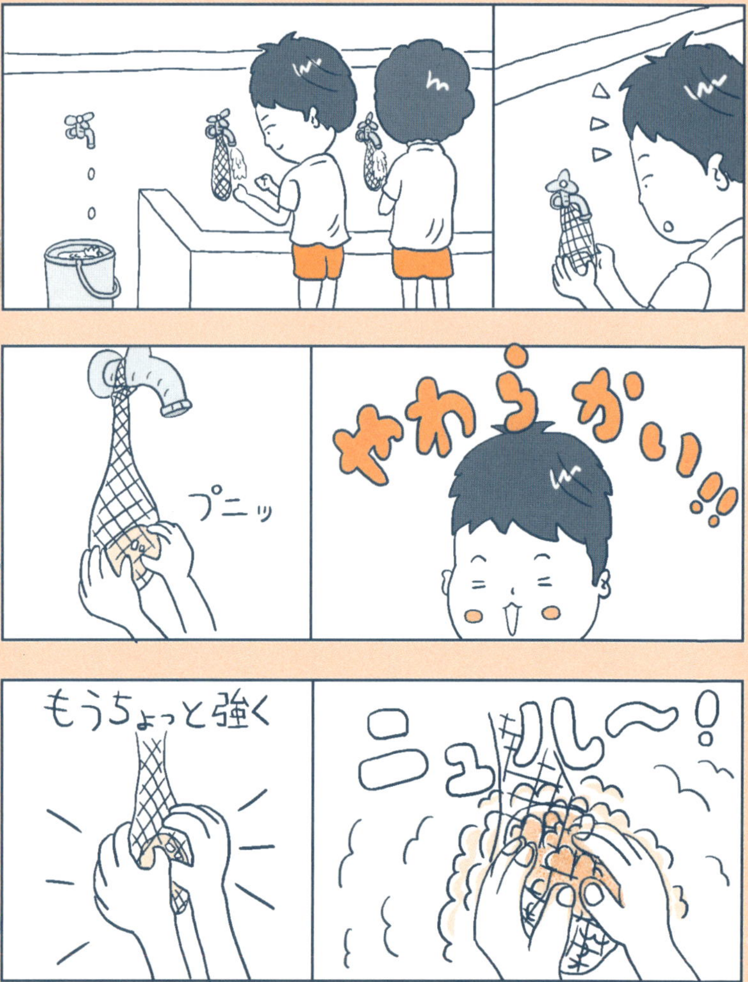
プニッ
やわらかい!!
もうちょっと強く
ニュル〜!

うひょー！
?
ぎゅーっとつかむと
ニュル〜って
なるよ
へぇ〜
ぎゅーー
そうそう
でしょ！
うひょー！
ニュル〜
こらーっ！
備《び》品《ひん》であそぶな!!
やばい！にげろー！

よんでふりかえったら ほっぺに指

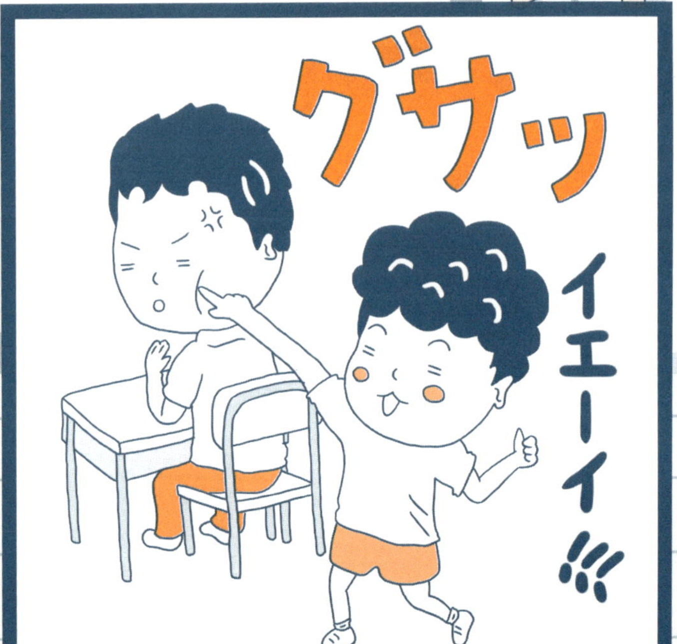
グサッ
イエーイ!!!

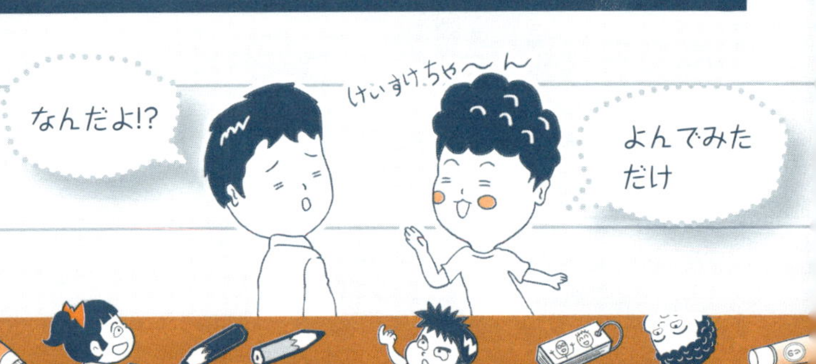
けいすけちゃ〜ん
なんだよ!?
よんでみた
だけ

口の両はしをひっぱって「学級文庫」っていう

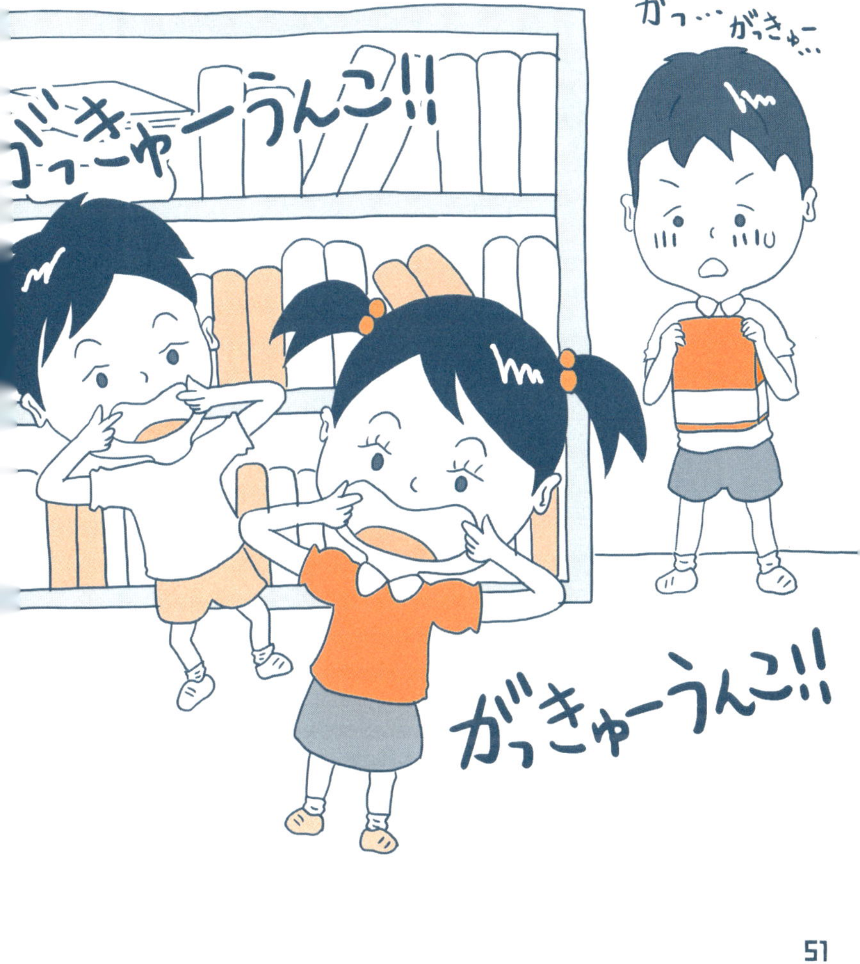
がっきゅーうんこ!!
がっ… がっきゅー…
がっきゅーうんこ!!

かゆかっただけ～

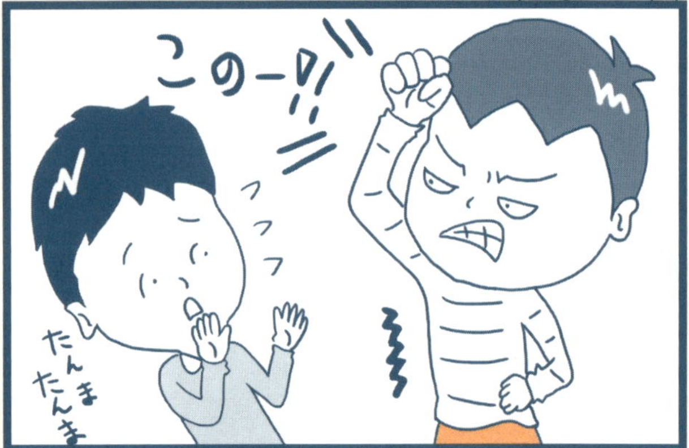
この一!!
フフフ
たんま
たんま

たたくまねして

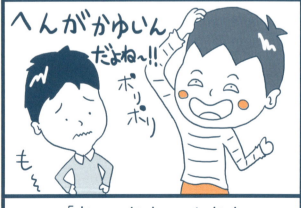

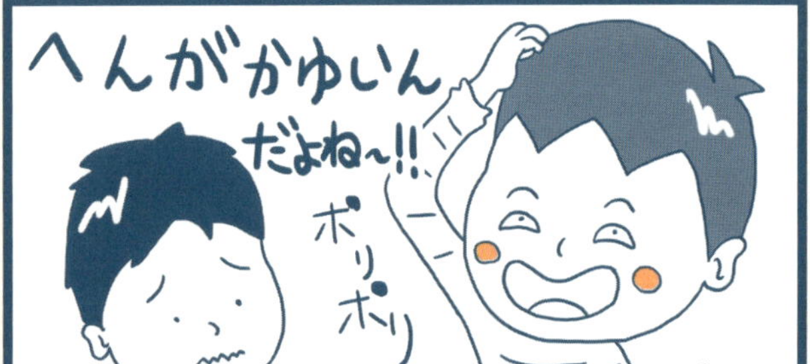
へんがかゆいんだよね～!!
ポリ・ポリ
も～

「あー、かゆっ」とかく

すぐかえ歌にする

♪アイネ・クライネ・
ナハトムジーク

♪くつが鳴る

ハチやトンボがはいると大さわぎ

先生きた!

先生きた!!
わい わい
わい わい
ガヤガヤ
アハハ
さわがしいとき、だれかが「先生きた!」
うっそぴょーん
さっ!
さっ!
ガタバターン!!
ぱん
というと静《しず》かになるけどだいたいウソ

黒板をみようとする人のうごきがEX●LE《エグ●イル》

し〜ん

よくいうセリフ

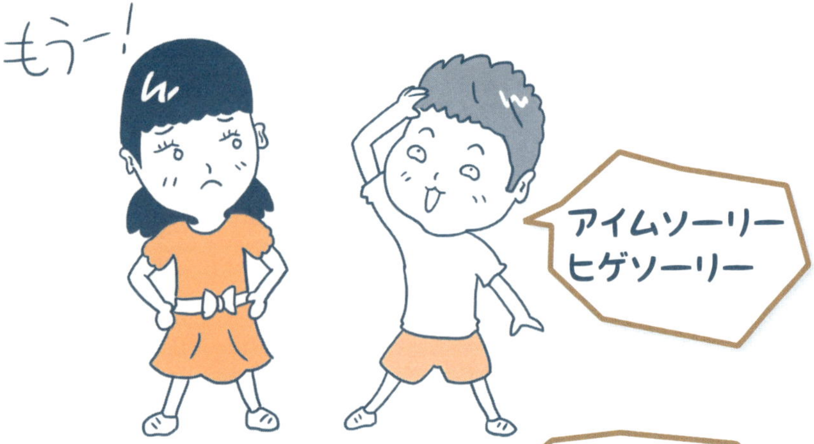
もうー!
アイムソーリー
ヒゲソーリー

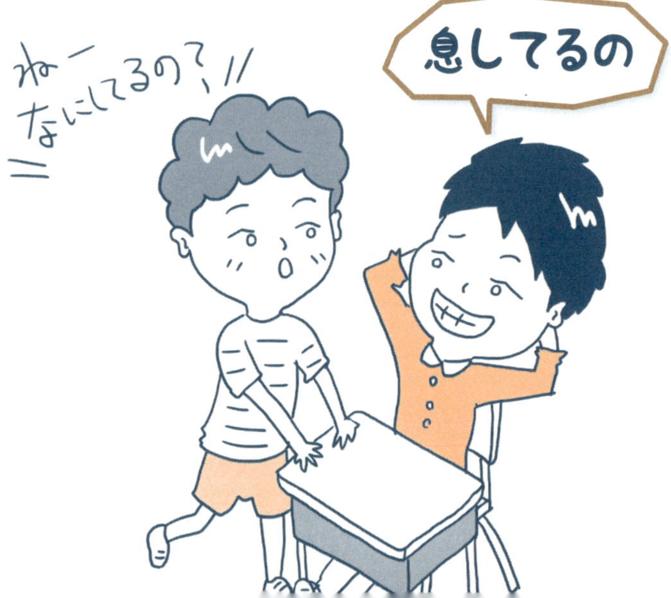
ねー
なにしてるの?!!
息してるの

ぜったい
いったよ
いって
ないよ
いつ
いった？
何時何分何秒地球が
何回まわったとき～？
頭をたたかれると
脳《のう》細《さい》胞《ぼう》が
しぬ!!
ポカッ
なに
やってんだ
デュクシ!!
デュクシ!!

ほんとにできる？

数で競《きそ》うとき

「無限大《むげんだい》」とか「無量大数《むりょうたいすう》」とかいう

どっちもひかない

マネしあいっこしよー
サルーウキキ
サルウキキ
もうおわりね!
もうおわりね
おわりっていってんだろ!!
おわりっていってんだろ!!

マネしあいっこすると
さいごには
ケンカになる

じゃんけん

じゃーんけん
ポイッ!
なにそれー
ひきょー!!
最強《さいきょう》グーチョキパー
だよーん
あっじゃあ……
なんにでも
負けるって
ことだよね!!

最強《さいきょう》の手「グーチョキパー」

最強《さいきょう》だけど

最弱《さいじゃく》でもある

視《し》力《りょく》検《けん》査《さ》

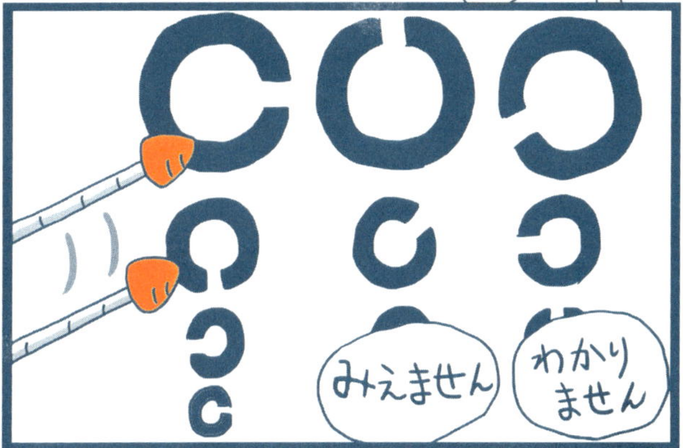
みえません
わかりません

視《し》力《りょく》検《けん》査《さ》のとき

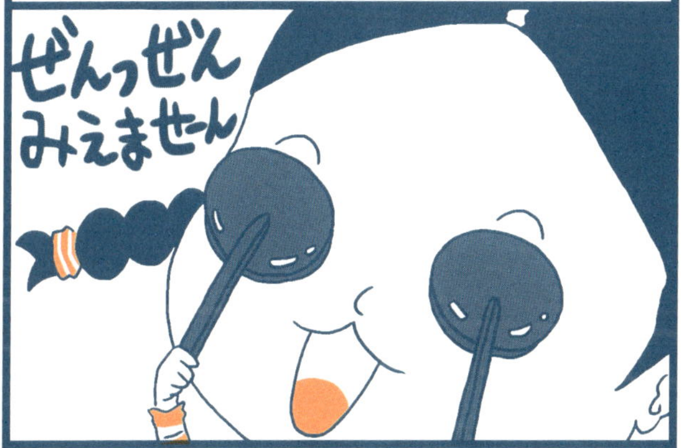
ぜんっぜん
みえませーん

かくすやつを両目にあててふざける

ありえないけど、たまにある

ガターン!!

授《じゅ》業《ぎょう》中《ちゅう》にとつぜん

ななめにしてた？
ねてた？

いすからおちる人がいる

「ねえねえねえねえ…」と
6回くらいいう元気すぎるやつ

えんぴつのおしりに かんだあとがある

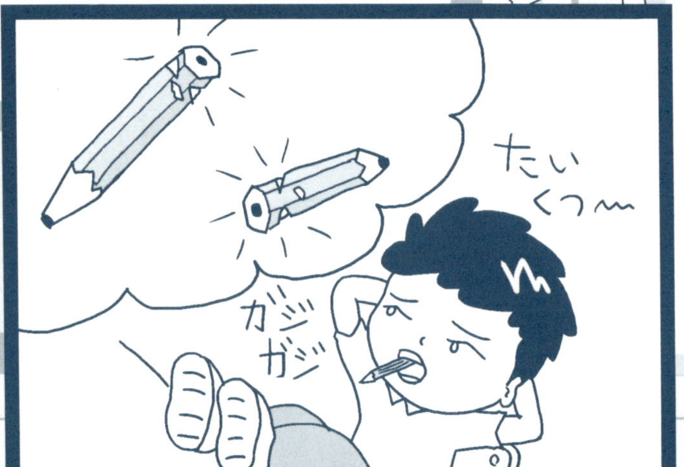
たいくつ〜
ガジガジ

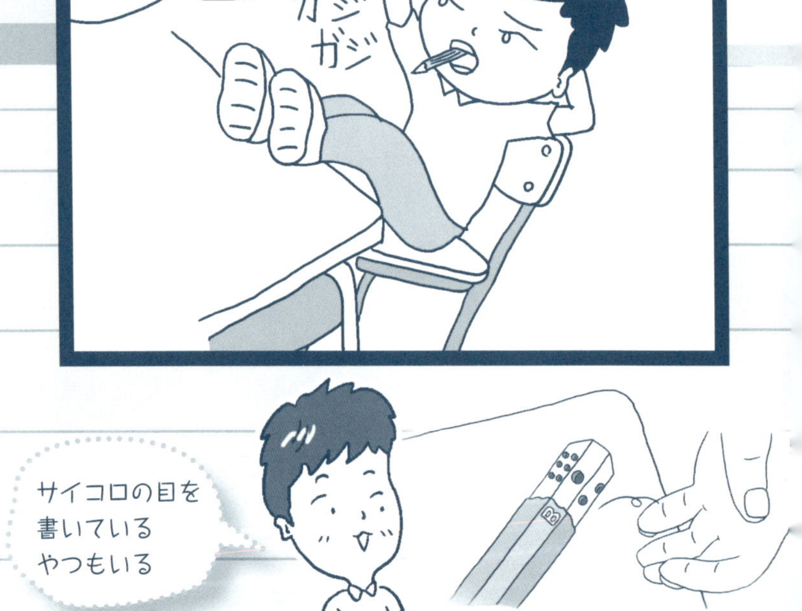
サイコロの目を書いているやつもいる

えんぴつをつかいきるのはむずかしい

給食《きゅうしょく》あるある①

おかずがたりなくなって
あつめてまわる給食当番《きゅうしょくとうばん》
ごめん
分けて—
え〜ん
イチゴに牛乳《ぎゅうにゅう》を
かけてたべる

飲んでいるときに笑《わら》わせる

ぞうきんで牛乳《ぎゅうにゅう》をふくとあとで超《ちょう》くさい

給食《きゅうしょく》あるある②

給食《きゅうしょく》のときもギャグ
ミカンがでると
みてみて～
指がはれた!!
ブスッ
あっ
まちがえた
ストローはとりあえず鼻にいれる
バナナがでたら
そんなバナナ
という
うお～
デザートがあまると
ジャンケン大会
プリン

パンの食べ方をくふうする

ジャムとマーガリンを同時にだすやつはスゴイ

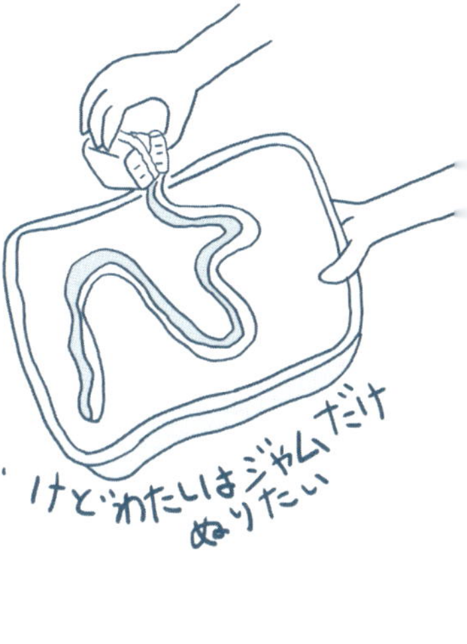

みたことも聞いたこともないメニューの日がある

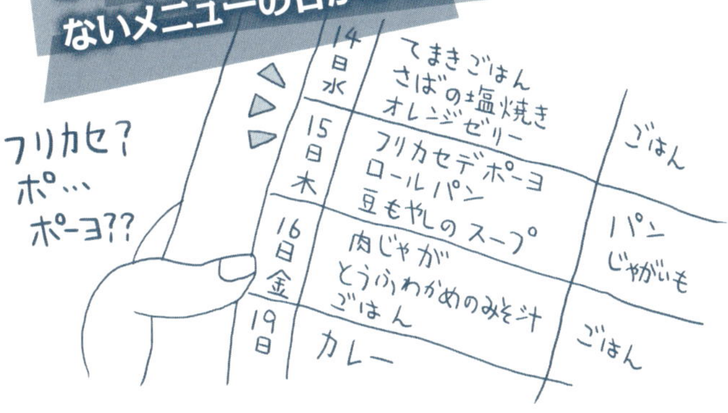

ああ…かんちがい ①

○○小学校PTA
せんせー
われわれ
選手《せんしゅ》一同は
ねえねえ
あれさー
校長先生が前にいるんだから
「こうちょうせんせー」って
いったほうがいいよな
○○ PTA
「先生ー！」って
いってるんじゃなくて
「宣誓《せんせい》」って
いってるんだよ
えっそうなの……。
とにかくきょうは
台風一家がいなく
なって晴れて
よかったよ
バイバイ!
台風一家じゃなくて
台風一過《いっか》だよ
ヒュー

1年じゅう、半そで半ズボンでとおす人

じまんできる特技《とくぎ》

自分の鼻をなめられる
これ
できる？
ス、スゴイ…
まぶたをうらがえせる
みてみて
ひえ～
舌のかたち
これできる？
指のかたち

関節《かんせつ》を鳴らせる

コキッ
ポキッ♪
なんの音?

指ぱっちんの音がいい

スカッ
スカッ
パッチン!
フッ

鼻のあなをピクピク

やめなよ～
ピク
ピク

耳をうごかせる

へんなやつ!!
パタパタ

3個《こ》以上《いじょう》のお手玉ができる

はいっもう1つ!!

おり紙がスゴイ

みてみて～
スゲー!

寝《ね》ぐせがものすごい人

ああ…かんちがい ②

※「小やり」は北アルプス槍ケ岳《やりがたけ》の山頂《さんちょう》近くにある岩のことだよ！

さっき
1年生がさー
きょうしつが
わかんなぃよ～
ひっく ひっく
あら まあー
あはは
かわいー!
こないだまで
ようちえんだっ
たんだもんね
バターン!!
家庭科室わかんなくて
ちょーまよっちゃった
ハーハー
泣《な》くかと
おもった!!
あんたら
いくつになった
のよ!!

3 男子あるある 女子あるある

休み時間の男子と女子

みて〜！キラっくまかいたよ♪
かわいい〜
じょうず！あたしもかいていい？
ここ、キラっくまワールドね♪
いいねー
キャッ
キャッ
なにかいてんの？オレも絵うまいぜ
オレも！
かかせろ！
どうだ！うまいだろ〜!!
ウンコバエ
くさ!!
こうちょう先生
ムホホ
ゲゲゲ
はなけ星人
プー
ギャー
ぷ〜〜ん
きょじん
こびと
ちょっとやめてよ〜

これ、ヤバいね
あし、なげー！
やっぱ、かっこいいよな〜
すげ〜!! すげ〜!!
な〜に？ なにみてるの？
カッコいい、あし長いといえば…
アイドル？
これだよ
サッ
ひいいっ
タラララーン
タランチュラ
カッコいいでしょ！

赤白帽《あかしろぼう》でウル●ラマンかぶりする男子

教科書のえらい人の絵に落書きする男子

オレ、こう
織田信長
織田信長
オレなんかこうだ！

け…けしからん!

織田信長《おだのぶなが》

戦国《せんごく》時代のえらい人。

ふざける男子たち

あっ
えい
プス！

うしろから
カンチョー

ウ○コネタで
大よろこび

ギャハハハ!!
くさそ～

おりゃ！
うっ
カックン

すきあらば
ヒザカックン

無敵《むてき》バリアーでふせぐ

サッ
無敵《むてき》バリア〜!!
「無敵《むてき》バリアー」破壊《はかい》ビーム!!
ビビビビ
バッ
「無敵《むてき》バリアー破壊《はかい》ビーム」バリア〜ッ!!
「無敵《むてき》バリアー破壊《はかい》ビームバリアー」破壊《はかい》ビーム！
「無敵《むてき》バリアー破壊《はかい》ビーム

つづく…

手でおならの音だして大よろこび

プ
あ！　だれかおならした〜っ！
ボ、ボクじゃないぞ

高速アルプス一万尺《いちまんじゃく》

アーループースーいちまんじゃーくー
こーやーりーのーうーえで
アールーペーンおどりをー
パン!!
シュパパパ
パパパッ
シュパ
シュパ
パパッ
シュパ
スッゲー！
み、
みえない…

指うらないが流《は》行《や》る

女子がすきなもの

キラキラしたもの

このシュシュみて～！
スワロフスキーつきよ！
ピカ
ピカ
新しい
シール！
ピカ
ピッカー
ビーズで
デコろ～
キラキラ
カチューシャ！
この光は
なんだ～!?
うっ！
マブシイ…

かわいいもの

えんぴつデコったよ♪
自由ノート
マスキングテープでデコノート！

いいにおいのもの

わあ！　ホントにピーチのかおりがする
消しゴムとは思えないよねー
けつきよくえんぴつのにおいになるけどな
くんくん
PEACH

男子の日常《にちじょう》

ランドセルは
いす

ポケットが砂《すな》だらけ

くつが砂《すな》だらけ

宝物《たからもの》は石

この石
みて〜
スゲエ〜!!
恐竜《きょうりゅう》の形だ!!

あつめるのがすき

セミのぬけがら
目標《もくひょう》1000体！
お！
いい棒《ぼう》
みーつけ！
ひかる
クラゲ
レア
こい〜!!

とにかく走る

うひゃっほ〜っ
まて〜
PP
TANGO
&
CASH

高学年女子の世界
いっしょに
トイレにいく
どこ
いくの？
ひみつ♥
持ち物をみせあう
新しい
ポーチ
買ったの
あ、かわい～
においつき
リップ
つかって
みる～？

恋《こい》バナをはじめる

アレで
あそびたいな〜〜

えっとねー
ソウタが気に
なってるんだ
ツヨシじゃ
ないの？
うっそー！
マジで？

すきな人の名前の数だけシャーペンをノックし、そのままハートを書く。芯《しん》を折《お》らずに全部ぬりつぶすと願《ねが》いがかなう。

ハート
おおきすぎた…

うでにすきな人の名前を書いて、ばんそうこうでかくして3日間すごせば仲《なか》よしになれる。

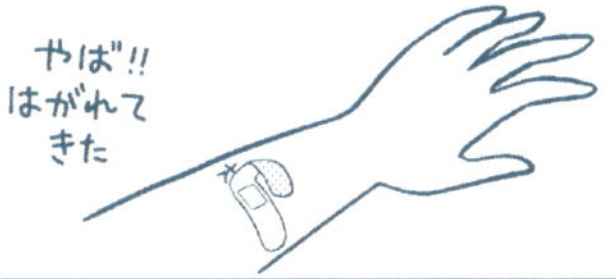
やば!!
はがれて
きた

占《うらな》い&おまじないいろいろ

消しゴムにすきな人の名前を書いて、だれにもみられずにつかいきれば両想いになれる。

けしゴム
かして〜
え!? あ…コレは
ダメなの…

ウケたかな？

きょう、委員会《いいんかい》だよ
委員会《いいんかい》にいっていいんかい！
なにかおもしろいことを大声でいったあと
ちらっ
ちらっ
プ
女子のようすをチラッチラッとうかがうお調子者

走るのが速いと モテる

ズビューーン!!
キャー♡
食べる速さじゃ負けないのに…

運動会のリレーでぬいたりしたらもー
超《ちょう》モテモテだよね♥

カーテン

ちょっと
これみて～
わ！
カーテンにくるまって
なになに？
あ！　コレは！
すごいでしょ～
キャハ
キャハ
なぜくるまる？？
ないしょ話する女子

手紙がすき

メイちゃん、この手紙読んでね
あっ ありがと〜♥
なぁソレ…どうやって折《お》るの…？
手紙の折《お》り方に
野村《のむら》くんにもあげるよ！
え…コレ…どうやってあけるんだ？
やたらくわしい女子

すごい女子

フラフープが
めちゃくちゃ
まわせる

ぐるん
ぐるん
ぐるん

スカートまわりが
すごい子

ぎゅるん
ぎゅるん
いつまでまわるの？

一輪車《いちりんしゃ》がサーカスなみのテクニック

キャッホー!!
くるくる
くるるーっ

からだが超《ちょう》やわらかい

パリーン!

男子のたのしみ

着がえるとき
「いや～ん」
という
いや～ん

体操服《たいそうふく》に
ボールをいれて
「うまれるー」
という
う、うまれる～!!
うまれた～
ポーン

ゲップをだしてよろこぶ

ゲフ
きいて きいてっ
どうだっ
ゴエッ
オレのほうがっ
ゲッッ
ROCKY
7

でも恋《こい》バナもしたりする

オマエ、だれが
すきなんだよ〜
教えねえよ
オレ知ってるぞ！
クマザワだろ？
ちがうの？
7

バレンタインデーは朝からおちつかない

2月14日(水)
そわ
そわ
そわ
伊賀山《いがやま》くん
ドキ!!
ん、んー?
な、なんだよ…
チョコ
きた〜!
コレおちてたよ〜
ゲッ
ボクの
テスト〜
チョコじゃ
なかったうえに…
テストも
みられた…
いっちゃん
ドンマイ!
てく
てく
てく
てく
ん

あの、手に持ってるのはチョコレート!! まさかオレに…
てくてく
はいコレあげる～
あたしも持ってきたよ～
って、友チョコかよ！
今年ももらえなかったな…
ヒュ～！
まてよ！ 学校でわたすのははずかしいから家に持ってくるのかも！ そうだ！ きっとそうだ！
う～ん…チョコまだかな…
うとうと
もう10時よ！ そろそろねなさい
来年こそは…きっと！

くつとばしで高さをきそっていたら…

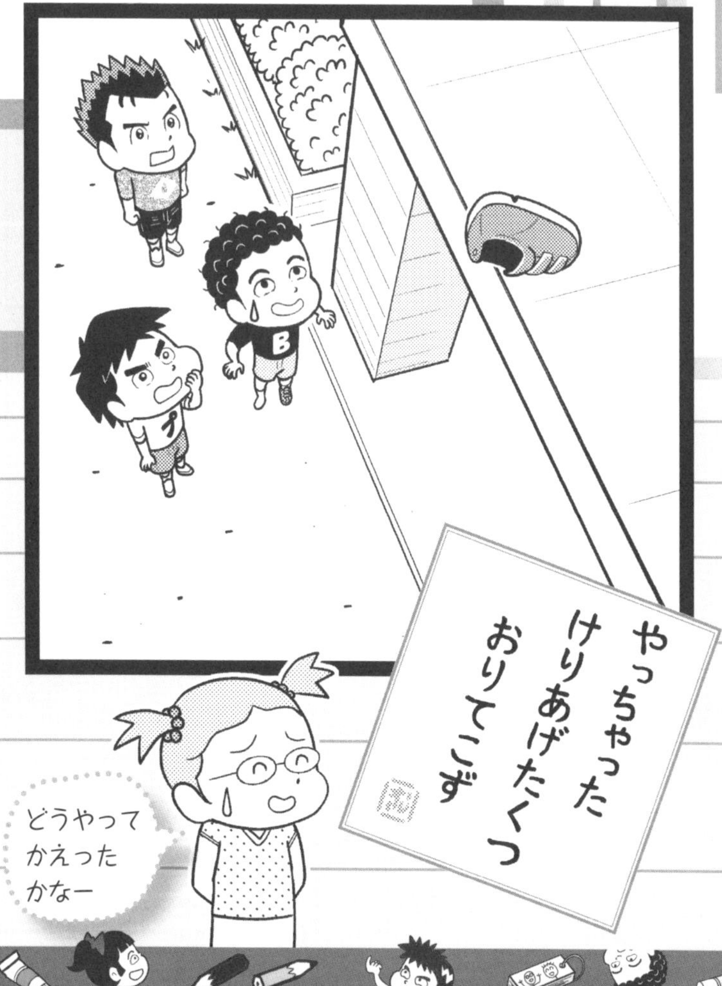
やっちゃった
けりあげたくつ
おりてこず
どうやって
かえった
かなー

ぶらさげてるのが多すぎて なにがなんだかわからない

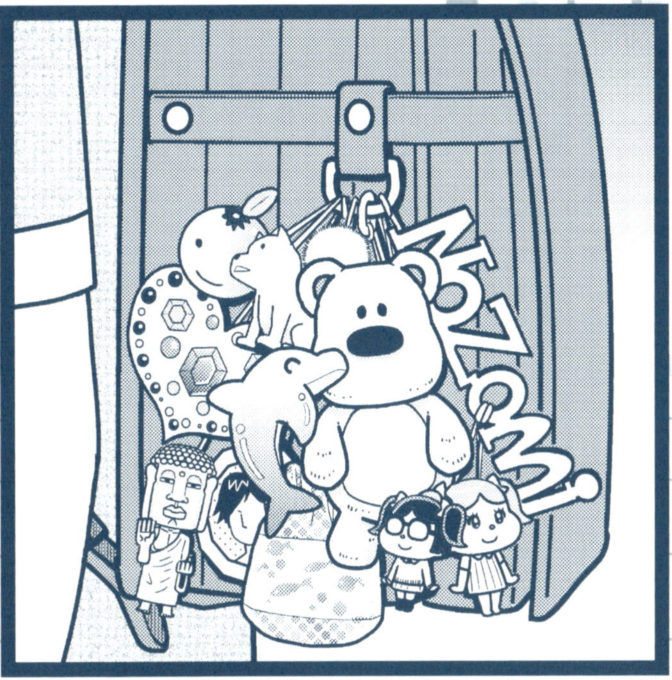
NOZOMI!

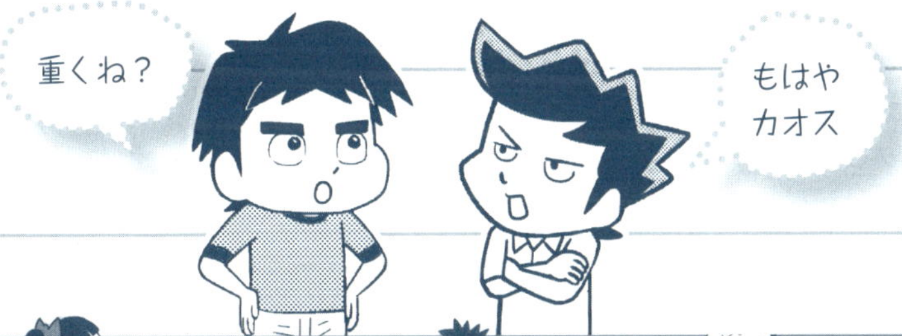
重くね？
もはや
カオス

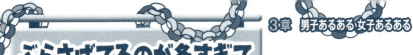

きょうのいて座《ざ》の
ラッキーアイテムは
ハートマークがついたもの
ふむ
ふむ
おっはよ～
あ！ おは…
よ！
…って
なにごと!?
おそく
なっちゃった一
ハート柄《がら》のかさ
ハートのかみどめ
ハートのマスク
ハートのストラップ
ハート柄《がら》のマフラー
ハートのてぶくろ
ハート柄《がら》のかみぶくろ
ハートのシャツ
ハート柄《がら》のスカート
ハート柄《がら》のソックス
どどど
さいきんついてないから
ラッキーアイテムある
だけ持ってきたの！
…きっと
いいこと
あるよ
あると
いいですね

うひょひょ〜

4章

先生あるある

きょうはこのテーマで作文を〜〜……
みんなの
未来
まあ、〜〜ですね。
まあ、それで〜が〜
まあ〜〜を…
まあ、ん〜
まあ

よびまちがい

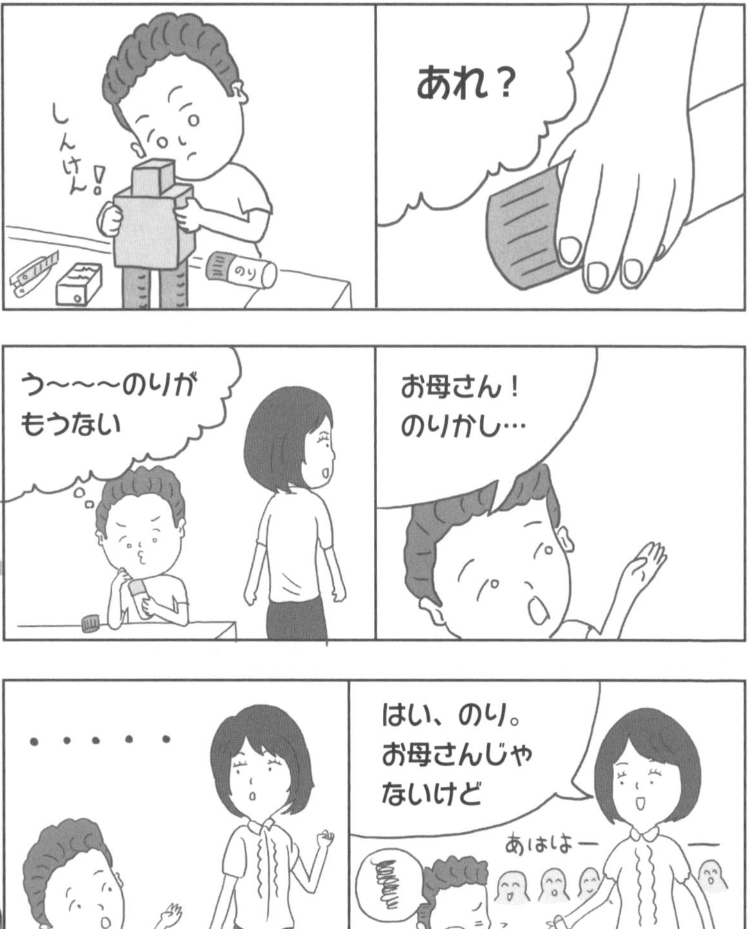
しんけん！
あれ？
う〜〜〜のりが
もうない
お母さん！
のりかし…
・・・・・
はい、のり。
お母さんじゃ
ないけど
あははー　ー

こらー
ジョン！
・・・・
ごめーん、
まちがえちゃった。
つい、いきおいで
フフ
よんだ？
むすこの
名前を犬と
まちがえる
なんて……
かあさんはオレより
ジョンの方がかわいいんだ…
いーから
さっさと
かたづけ
なさい！
まあオレも
学校で
まちがった
けどさ

先生のリアクション ①

先生
トイレ!!

授業中《じゅぎょうちゅう》、「先生トイレ！」というと

先生は
トイレでは
ありません!!
コラ
まてー!!
タッタッタッ

「先生はトイレではありません」という

先生のリアクション②

きょうはこのテーマで作文を〜〜…
みんなの
末来
先生、漢字がちがいます

黒板の字のまちがいを指《し》摘《てき》されると

みんなが気づくかどうかテストしました!!
サッサッ
みんなの
未来
え〜
ほんと？

「みんなが気づくかどうかテストしたんです」という

授業参観《じゅぎょうさんかん》の先生がいつもよりおしゃれ

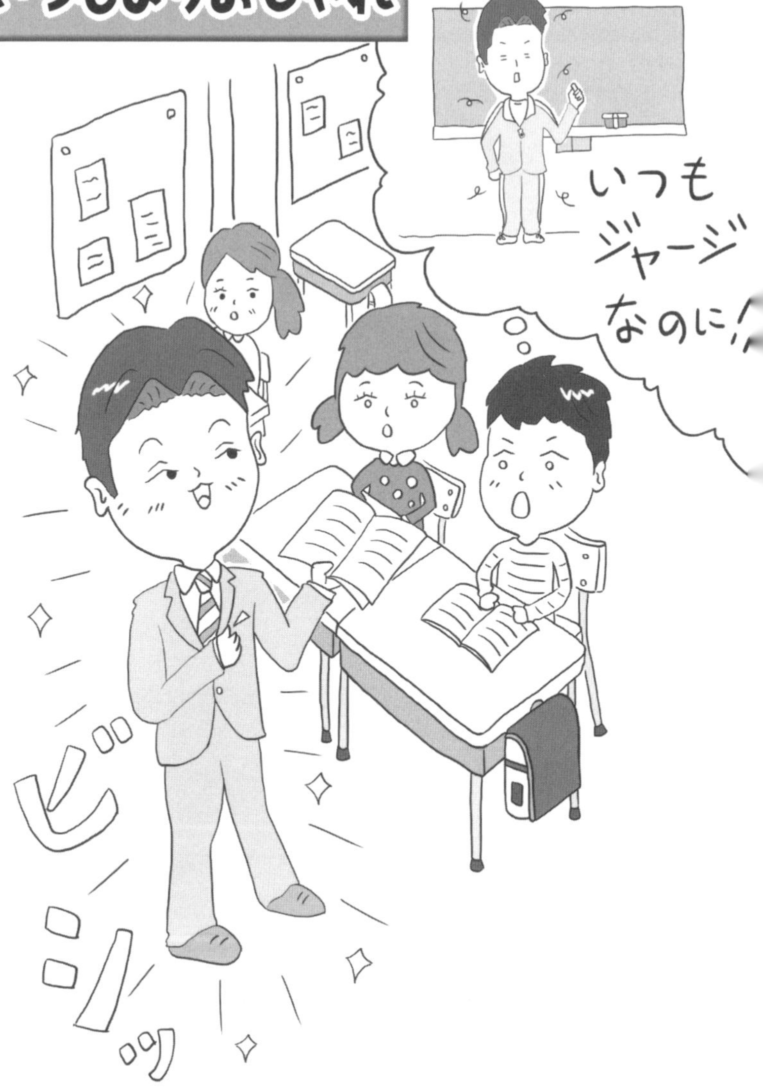
いつもジャージなのに！
ビシッ

授業参観《じゅぎょうさんかん》の日は保護者《ほごしゃ》もおしゃれ

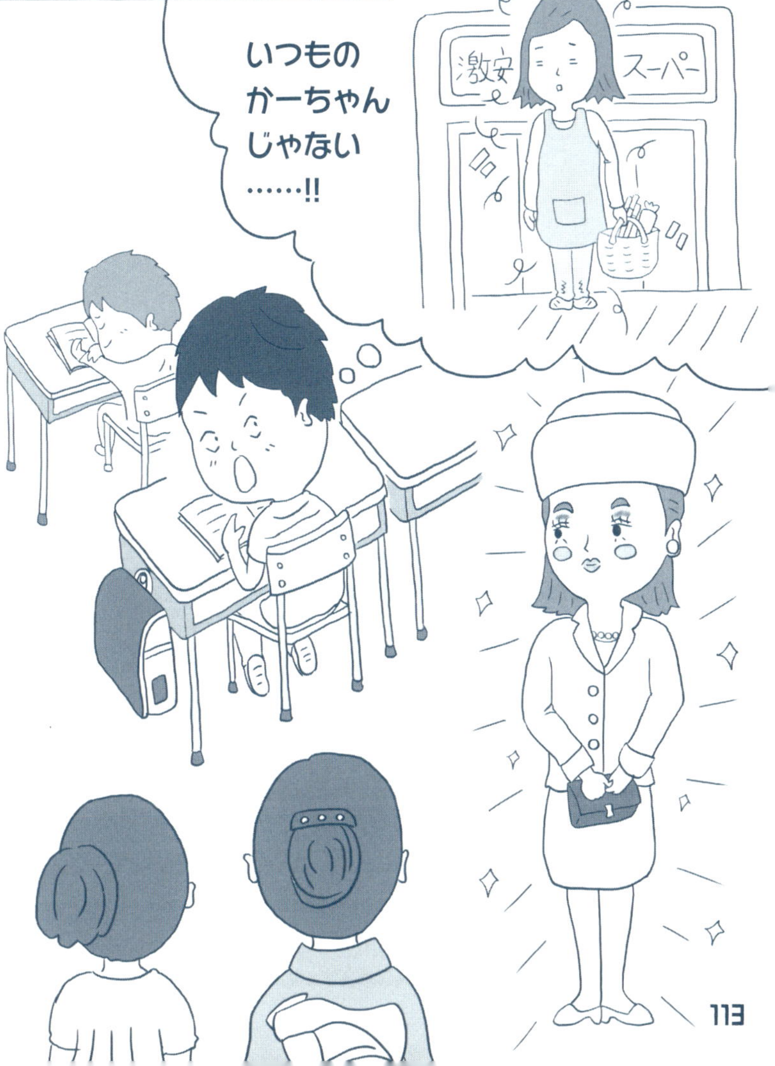
いつものかーちゃんじゃない……!!
激安スーパー

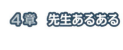

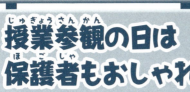

つたわる気持ち

カッ カッ カッ カッ カッ
HONKI.
カーン

文のあとにかならず点をつよく打つ

本気!!
はい これ
重《じゅう》要《よう》!!

熱《あつ》い先生

なんだか笑《わら》える

先生がつかう三角定規《じょうぎ》や分度器《ぶんどき》にあこがれる

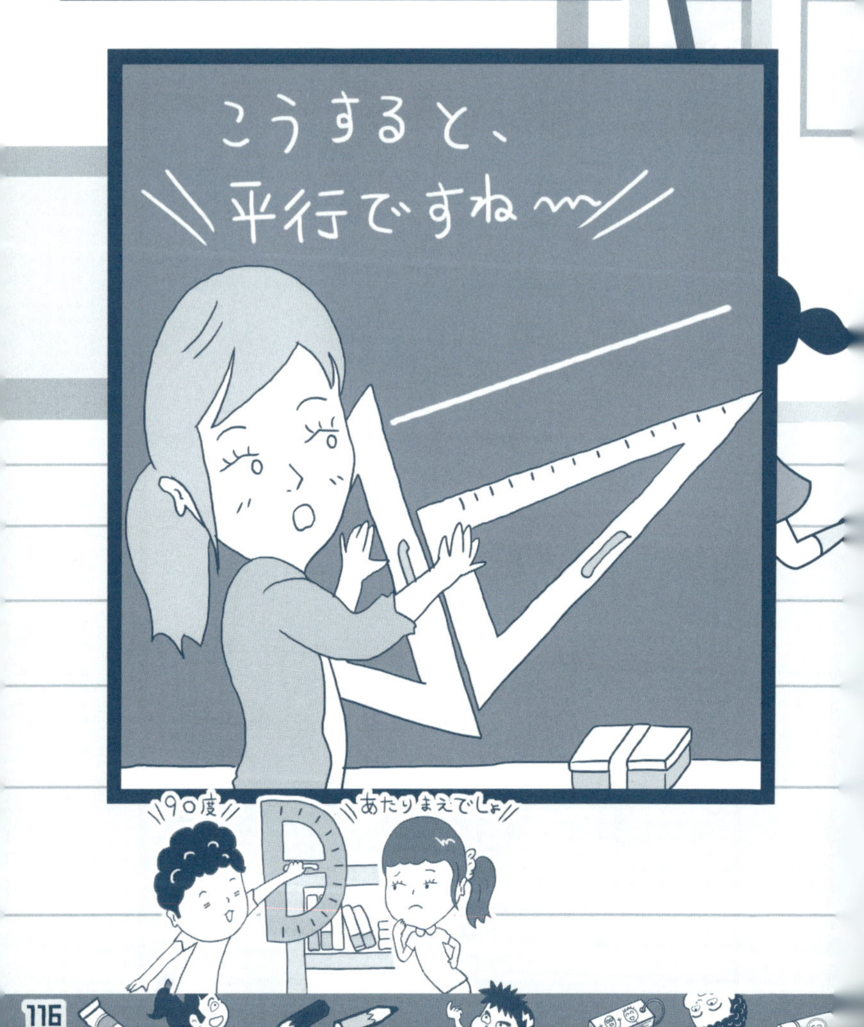
こうすると、
平行ですね〜
90度
あたりまえでしょ

授業《じゅぎょう》中、先生が口グセを何回いうかかぞえる

まあ、〜〜ですね。
まあ、それで〜が〜
まあ〜〜を…、
まあ、ん—
まあ
きょうは
1時間目で
ここまできた！
11/10のまあ
正正正正
正正正正
正正正正
11/11のまあ
正正正
正下

避《ひ》難《なん》訓《くん》練《れん》はいつもこの話から

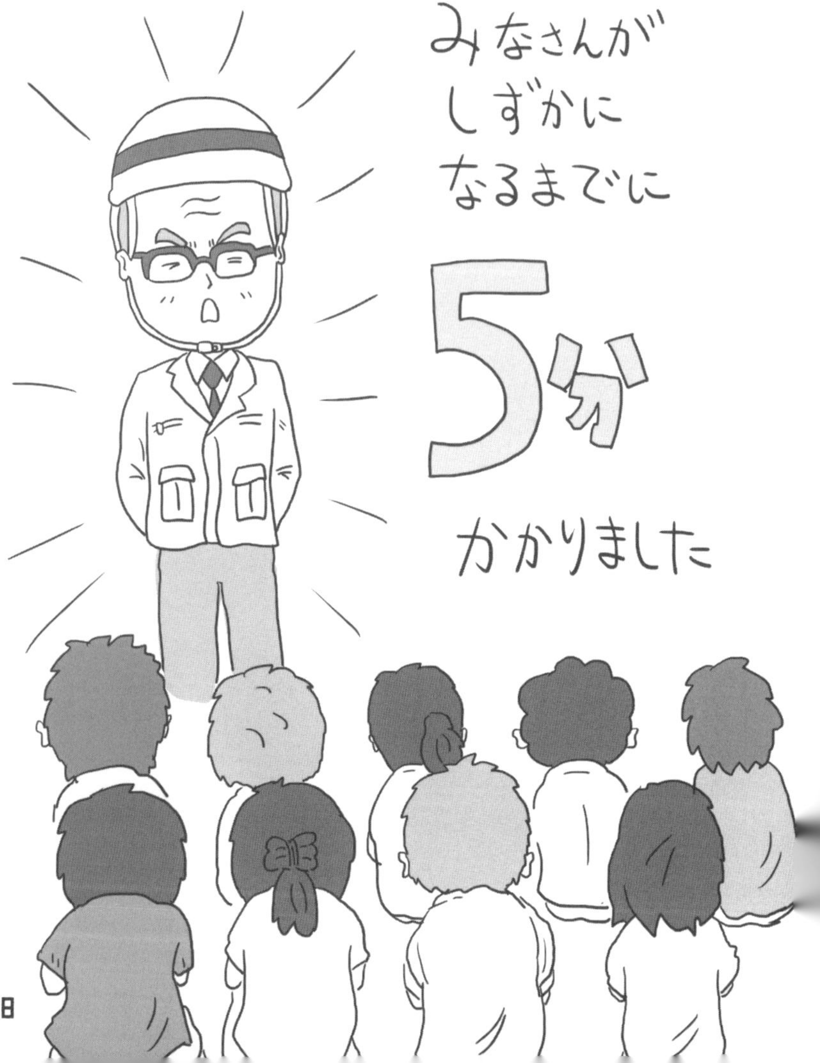
みなさんが
しずかに
なるまでに
5分
かかりました

ちゃんと聞いてたんだけど…

校長先生の話
長かったね〜〜〜
ハァー
でもためになったよー
イイ話…
校長先生の話なんだったかと聞かれると
ヘー
どんな？
ほら〜なんかあ
３本の矢があって〜
あれ？　全部折《お》るんだっけ…
ポキッ
おぼえていない

職《しょく》員《いん》室《しつ》は大人のかおりがする

初耳《はつみみ》です

日直
先生もやってよー
なーに
いってんだ
学級
日誌
先生にも日直
あるんだぞー
えー
うそー
夏休み
校内 みまわりとか
郵便物《ゆうびんぶつ》の整理
学級花壇《かだん》
の水やりとかー
なっ
へ～
たいへん

夜の学校

〇〇小学校
明かり ついてる！
え〜 だれ？こわ〜い
夜の学校で、なぜかおそくまで
う〜 おわらない・・・
ファ〜〜
明かりがついている部屋《へや》がある

先生がおこって職員室《しょくいんしつ》にかえってしまう

先生 大噴火《だいふんか》の巻《まき》
ザワザワ
アハハ
エーッ
いいかげんにしなさい!!
ドカーン!!!
もう授業《じゅぎょう》はしません!
バタン!
どーしよー
あやまりにいったほうがいいよー
だれが?
そりゃ学級委員でしょ!!
なんでこんなときばっかり……
職員室
すいませんでした先生 みんな反省《はんせい》してるんで……
おすなよ!!
ほんとか!? ほんとに反省《はんせい》してんだろーな!!
職員室
やじうま

答えを書いてるときにのぞきこまれるとあせる

休んだ子の席《せき》で給食《きゅうしょく》を食べる先生

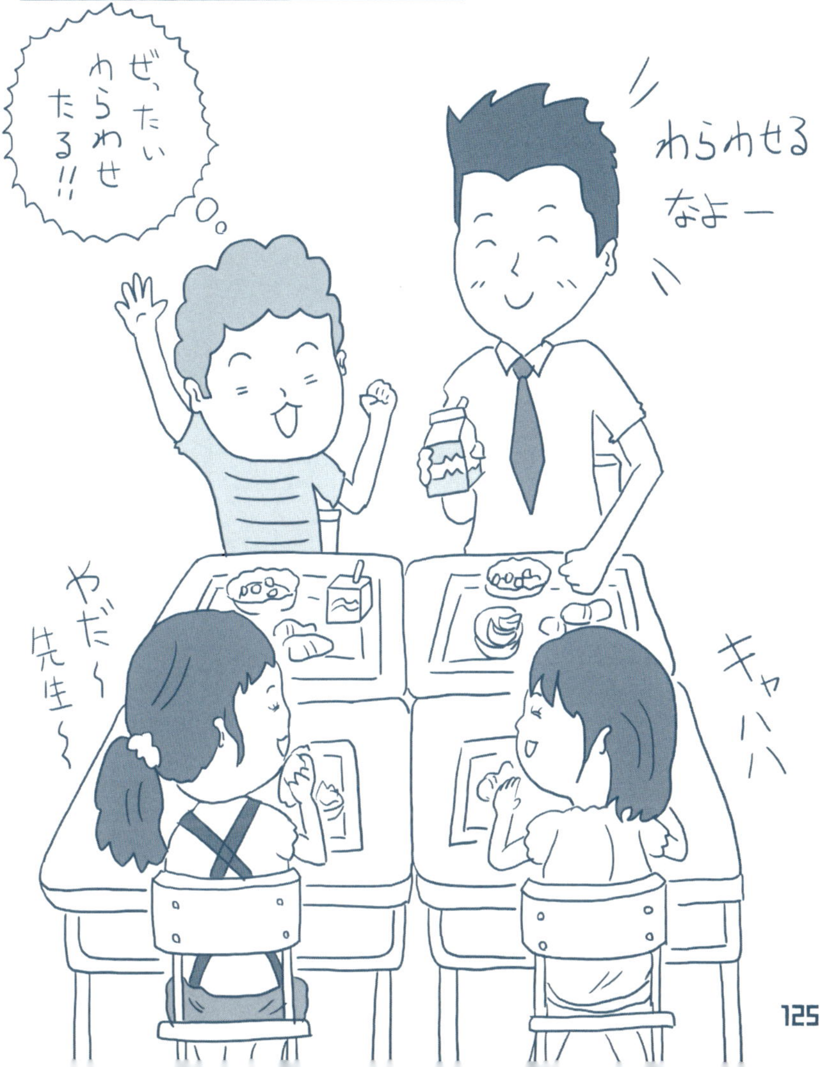
ぜったいわらわせたる!!
わらわせるなよー
やだ〜先生〜
キャハハ

だれにしようかな

日づけで
10月5日
日直（　）
つぎの問題は…きょうは5日だから…
あててきたと思いきや…
出席《しゅっせき》番号
5番
え――わかんな――い
変化球《へんかきゅう》
じゃなくて15番、橋本《はしもと》
（10足す5で）
ホッ…
えッ

教育実習の先生は大人気

ピヨピヨ
秋は
運動だ！
早朝マラソン
でからだを
きたえる
べし!!
ムフフ…
スゲー
先生！
うわー
!!
きのう、クラブのあと
運動場をならしてから
かえったのに
足跡《あしあと》が！
ランナーの
幽霊《ゆうれい》だ!!
いや、
ぎゃくさつされた
ヌーの亡霊《ぼうれい》だ

5章 校外あるある

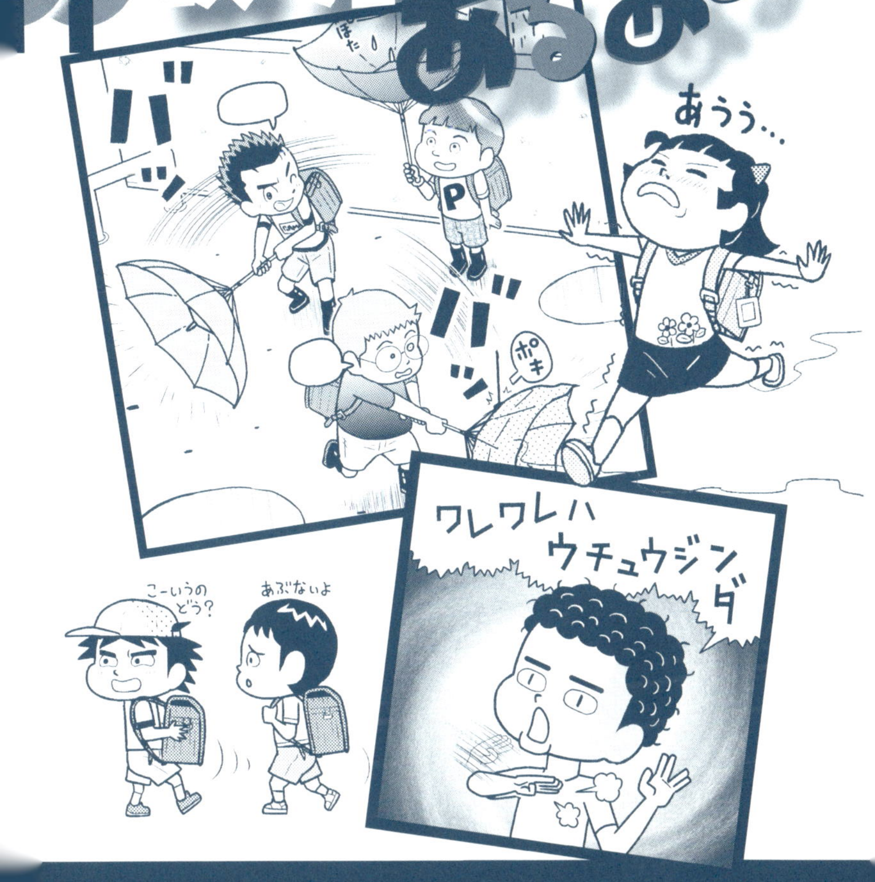

ほた
バッ
あうう…
バッ
ポキ
ワレワレハ ウチュウジンダ
こーいうの どう？
あぶないよ

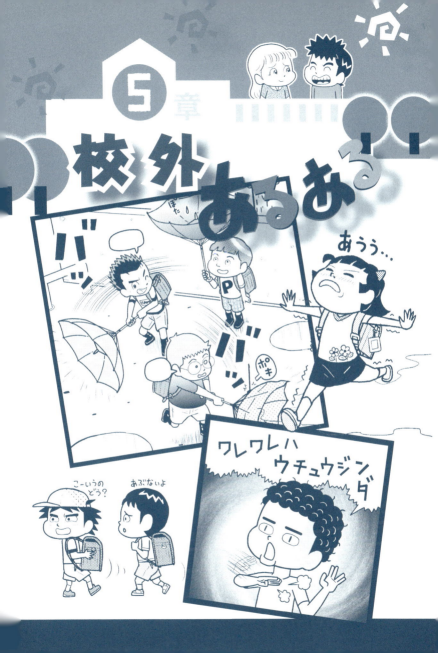

たのしい放課後《ほうかご》

はい、席《せき》がえはこうなりました。
明日の朝まちがえないようにね
うへえ~
席《せき》がえ
サイアク~
おまえが席《せき》がえ
したいって
いいだしたん
だろ！
まどぎわ
いいなー
へへー
またおまえの
となりかよ！
なによー
今週はあいさつ週間です。
みんな大きな声で
あいさつをしましょう。
じゃあ、かえりの会を
おわります

さよーなら!!
「さようなら」は元気いいんだよなー
あとで公園なー
ゲーム持ってこいよ!
マミちゃんきょうあそべるー?
ごめーん、ピアノなの
早くかえらないと仮面《かめん》ライザップーはじまっちゃう
あ!
校長先生だッ
よーし大きな声で…
ムホホ!!
せんせーさよーなら!!!
げんきでよろしい!

ランドセルのかぎをしめずに おじぎしてしまう

防《ぼう》犯《はん》ブザーを鳴らしてしまう

ピ。ピ。ピ。ピ。
ピ。ピ。ピ。ピ。ピ。
ピ。ピ。ピ。ピ。ピ。
ピ。ピ。ピ。ピ。
あー
あ！　ぬけちゃった！
ワンワンワン

ランドセルをおなかでかかえて歩く人がいる

歩道橋の水たまりは よけるのがむずかしい

あ！
バシャ
きゃ！　くつに水はいっちゃった！
ここ せま〜い
あううう…
だいじょうぶー？

かさを全力で ふってうらがえす

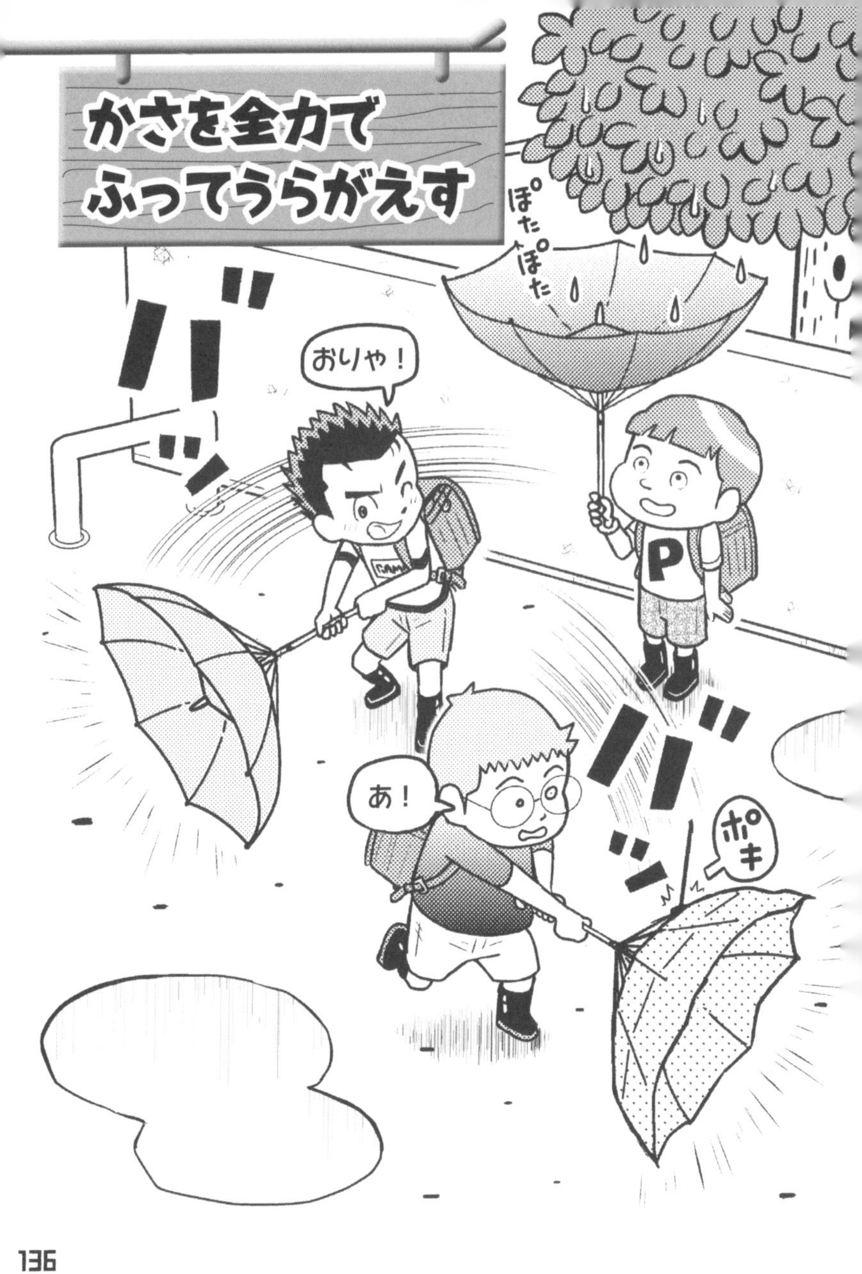

ぽたぽた
バッ
おりゃ！
あ！
バッ
ポキ

青信号《あおしんごう》は青じゃないよなあと思う

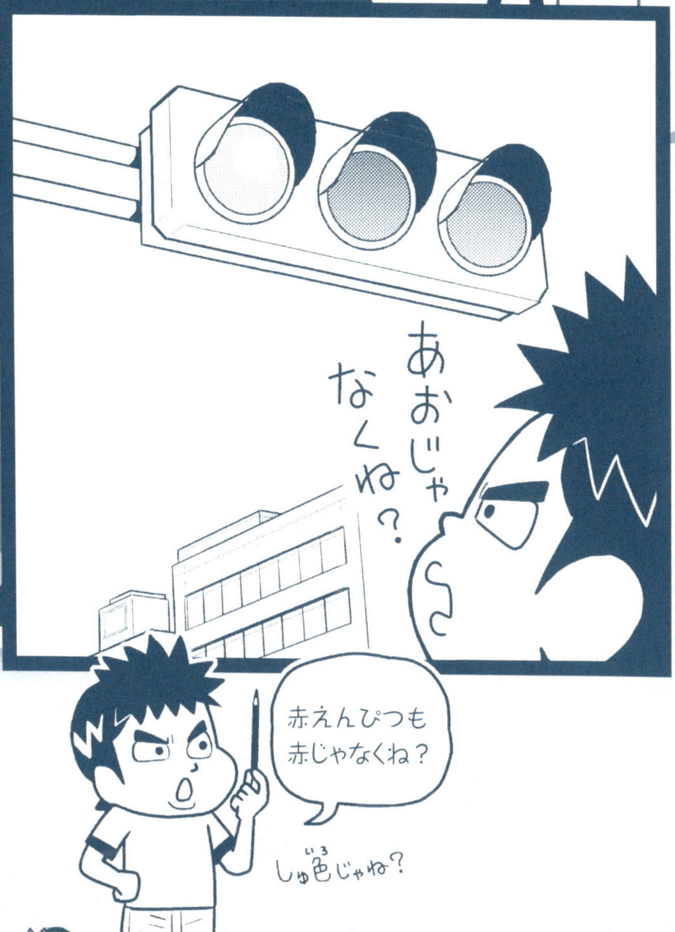
あおじゃなくね？
赤えんぴつも赤じゃなくね？
しゅ色《いろ》じゃね？

白線の上を歩いてかえる

よっ
とっ
ヒョオオオ・・
白い線の外は断崖絶壁《だんがいぜっぺき》！ふみはずすとたいへんなのだ…！
こんなカーブ平気だぜ！
たたたーっ
横断《おうだん》歩道はジャンプ！
とん
とーん
ちょっと休けい～
とまれ
よ～し！　家はもうすぐだっ
ゲ!!
工事中
すみません。まわり道をおねがいします
ガガガ

近所の人に「おかえり」といわれどう返事すればいいかわからない

おかえり
あ！　ただい…
じゃなくて…
こんにち…えっと…
さようなら…

下校の風景《ふうけい》
自分とおなじ
名字の家は自分ち
ここオレの
べっそう~
ウソ
つけー
丸山
ポン
ポン
体操袋《たいそうぶくろ》を
けりながら
かえる

チ・ヨ・コ・
レ・イ・ト
とん
とん
グリコ
しながら
かえる
ライオン！
あ…！
シオカラ！
おすし
しりとりしながら
かえる
くっつき虫
バクダンを
くらえ〜っ
おっと！
くっつき虫を
くっつける

家の門の前で おいてきた物に気づく

お兄ちゃん
おかえりー！
おやつはプリン
だよ～♪
プリン…あ！
宿題のプリント
わすれた～!!

石をけりながら家までかえる

コン!
この石けって
家までか～えろっと
コン!
水たまり
地帯《ちたい》は
しんちょうに
コン!
階段《かいだん》は
きびし～!
コーン
じゃり道!
まぎらわし～!
コン
家がみえて
きたーっ
コン
ついたよ…
イッシー♪
石に
名前を
つけた
なにやってんの?

終業式は大荷物

リコーダー
防災《ぼうさい》ずきん
うわばき
絵《え》など こうさく たくさん
道具《どうぐ》箱《ばこ》も
しょくぶつ
えのぐ
ぞうきん
たいそうぎ
少しずつ持って かえってれば…
こうはならない のよね

始業式も大荷物

お菓《か》子《し》の食べ方をくふうする

全部の指にはめてから
どれから食べようかな〜
あらよっ
ポーーン
うでをたたいてお菓《か》子《し》を飛《と》ばす
ポテチでくちばし

ビスケットと
クリームをわける

ポ●キーは
まとめて食べる

おでこにおいて、
手をつかわずに
口にいれる
よっしゃ!

せんぷうきにむかって「ア〜〜」という

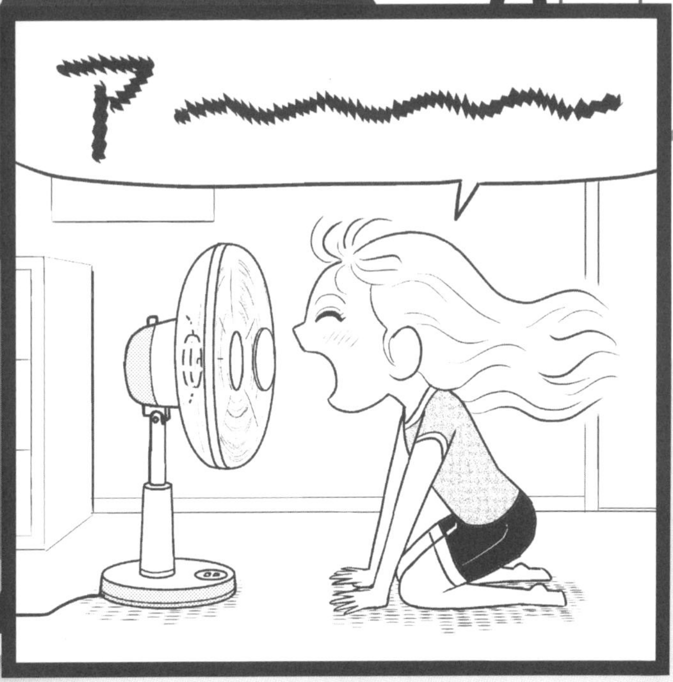
ア〜〜〜〜〜〜

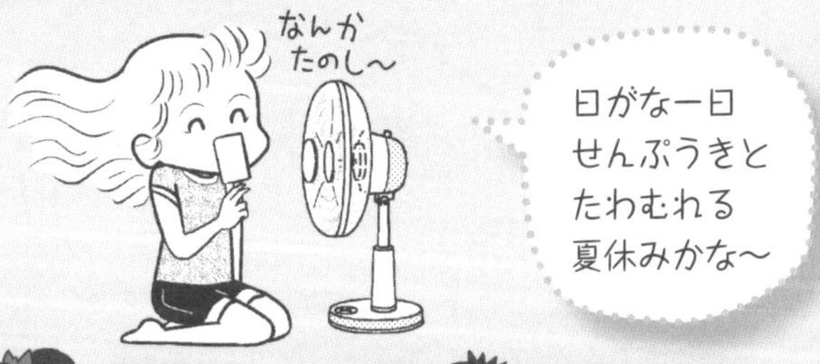
なんか
たのし〜
日がな一日
せんぷうきと
たわむれる
夏休みかな〜

胸《むね》とかたたきながら、宇《う》宙《ちゅう》語《ご》で会話する

本気であそぶ

どろだんごを ピカピカにする

すごーい!

オニごっこの バリエーション いろいろ

オニごっこ やろうぜ～
色オニ やろ～！
氷オニに しようよっ

ばらばらにみえるけど いっしょにあそんでる

高オニが
いいなあー
手つなぎ
オニは？
ケイドロ
ケイドロ！
オニごっこ
するひとー!!

人形ごっこはなかなかリアルな人間もよう

あなた！その女はだれなの!?
ミツヨ…どうしてここに…！
おくさん！ワタシはヒロシさんを愛《あい》してるんです！

ぬけそうでぬけない歯が気になる

コレ たべたら ぬける かな～
ぐら ぐら
ミラクル
キャラメル
オレなんか バナナで ぬけたゼー
右と左、両がわで ぐらぐらしてると サイアクー！

リクエスト

きょう、なに
食べたい？
とんカツ！
あげ物は
あとかたづけがねー
じゃあ
焼《や》き肉！
牛肉は高い
からねー
野菜《やさい》いためにしようか
きまってるなら
聞くなよ！

なに食べたい？
って聞かれて
リクエストしても
採用《さいよう》された
ためしがない

よぶの早すぎませんか？

ごはんよ～
おりて
きなさーい
はーい
とん
とん
「ごはんよ～」とよばれて台所にいっても
ちょっと
まってね
ジュー
ジュー
ないじゃん！
たいていまだできてない

昼間は平気でも…

ふりかえると
髪《かみ》の長～い
女の幽霊《ゆうれい》が…
な～んだ
よくある
ハナシ
だな～
CLEED
こわい話をたくさん聞くと
姉ちゃ～ん
トイレついてきて～
もじ
もじ
?
夜ひとりでトイレにいけない

ねたふりして ふとんにはこんでもらう

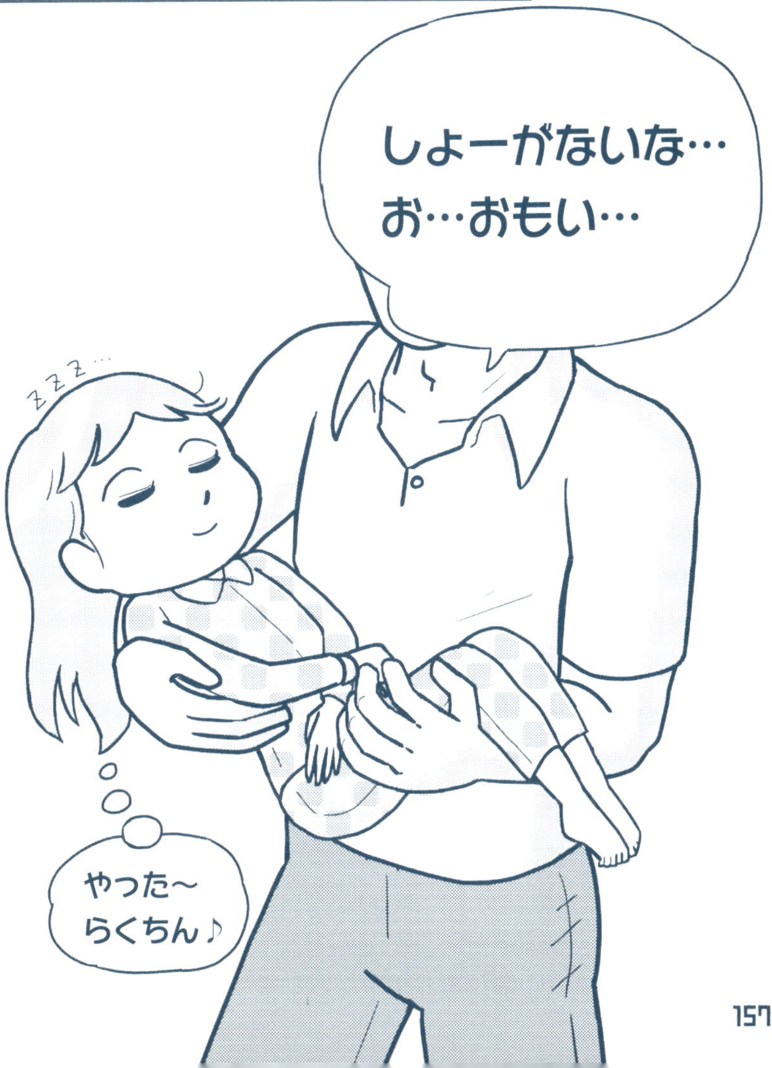
しょーがないな…
お…おもい…
やった〜
らくちん♪

日曜の夜
目がさめてまた
土曜の朝だったらな…
あさー!!
ゲ! もう
こんな
時間!!
給食着《きゅうしょくぎ》５分で
あらえる!?
わすれてたー!!
ムリに
きまってる
でしょ!
どたどた
体操着《たいそうぎ》
持った?
持った持った!
いってきま～す!
給食着《きゅうしょくぎ》は
あとで
とどけるから!
おはよ～!!
おっはよ～
そしてきょうも
小学生は元気です
上ばき
わすれてる!

感想&超《ちょう》おもしろネタ大《だい》募《ぼ》集《しゅう》!!

みんな、あるあるおもしろかった？
この本の感想を送ってね。
キミがいまハマっていることもおしえて！！
キミのあるあるネタもまってるよ～！！

〒160-8565　東京都新宿区大京町22-1
ポプラ社児童書編集局
「大人にはないしょだよ75　爆笑！！ 小学生あるある」
の係まで

※みなさんのおたよりは、編集局と制作者で読んで、参考にさせていただきます。

作／さそり山 かずき（さそりやま かずき）
絵／大崎 亮平（おおさき りょうへい）
タナカ ケンイチロウ（たなか けんいちろう）
デザイン／チャダル108

企画・編集・制作／株式会社 アルバ

大人にはないしょだよ㉟

爆笑！！　小学生あるある

発　行　2015年 12月　第1刷
2019年　6月　第5刷
発行者　千葉 均
発行所　株式会社ポプラ社
〒102-8519　東京都千代田区麹町4-2-6
電話（営業）03-5877-8109
（編集）03-5877-8108
ホームページ www.poplar.co.jp
印刷・製本　図書印刷株式会社

N.D.C.798/159P/18cm ISBN978-4-591-14758-0

※みなさんのおたよりをお待ちしています。おたよりは、制作者・著者へおわたしいたします。

P6640075